Wolfgang Amadeus Mozart
Die Zauberflöte

KV 620

Eine große Oper in zwei Aufzügen

Libretto von Emanuel Schikaneder

Herausgegeben von
Hans-Albrecht Koch

Philipp Reclam jun. Stuttgart

Universal-Bibliothek Nr. 2620
Alle Rechte vorbehalten
© 1991 Philipp Reclam jun. GmbH & Co., Stuttgart
Gesamtherstellung: Reclam, Ditzingen. Printed in Germany 2003
RECLAM und UNIVERSAL-BIBLIOTHEK sind eingetragene Marken
der Philipp Reclam jun. GmbH & Co., Stuttgart
ISBN 3-15-002620-2

www.reclam.de

*Theaterzettel der Uraufführung der »Zauberflöte«
im Theater auf der Wieden*

Reihenfolge der Musiknummern

Ouvertüre

Erster Aufzug

Zweiter Aufzug

Personen

SARASTRO	Baß
TAMINO	Tenor
SPRECHER	Baß
ERSTER PRIESTER	Baß
ZWEITER PRIESTER	Tenor
DRITTER PRIESTER	Sprechrolle
KÖNIGIN DER NACHT	Sopran
PAMINA, ihre Tochter	Sopran
ERSTE DAME	Sopran
ZWEITE DAME	Sopran
DRITTE DAME	Sopran
ERSTER KNABE	Sopran
ZWEITER KNABE	Sopran
DRITTER KNABE	Sopran
EIN ALTES WEIB (PAPAGENA)	Sopran
PAPAGENO	Baß
MONOSTATOS, ein Mohr	Tenor
ERSTER GEHARNISCHTER MANN	Tenor
ZWEITER GEHARNISCHTER MANN	Baß
ERSTER SKLAVE	Sprechrolle
ZWEITER SKLAVE	Sprechrolle
DRITTER SKLAVE	Sprechrolle

Chor: Priester, Sklaven, Gefolge

Ouvertüre

Erster Aufzug

Erster Auftritt

Das Theater ist eine felsige Gegend, hie und da mit Bäumen überwachsen; auf beiden Seiten sind gangbare Berge, nebst einem runden Tempel.

Tamino kommt in einem prächtigen javonischen Jagdkleide rechts von einem Felsen herunter, mit einem Bogen, aber ohne Pfeil; eine Schlange verfolgt ihn.

Nr. 1 Introduktion

TAMINO. Zu Hilfe! Zu Hilfe! sonst bin ich verloren,
   Der listigen Schlange zum Opfer erkoren. –
   Barmherzige Götter! Schon nahet sie sich!
   Ach rettet mich! Ach schützet mich!
   (Er fällt in Ohnmacht; sogleich öffnet sich die Pforte des Tempels; drei verschleierte Damen kommen heraus, jede mit einem silbernen Wurfspieß.)
DIE DREI DAMEN. Stirb, Ungeheur, durch unsre Macht!
   Triumph! Triumph! Sie ist vollbracht,
   Die Heldentat! Er ist befreit
   Durch unsres Armes Tapferkeit.
ERSTE DAME *(ihn betrachtend).*
   Ein holder Jüngling sanft und schön.
ZWEITE DAME. So schön, als ich noch nie gesehn.
DRITTE DAME. Ja ja, gewiß! Zum Malen schön.
ALLE DREI. Würd ich mein Herz der Liebe weihn,
   So müßt es dieser Jüngling sein.
   Laßt uns zu unsrer Fürstin eilen,
   Ihr diese Nachricht zu erteilen.
   Vielleicht, daß dieser schöne Mann
   Die vor'ge Ruh ihr geben kann.

ERSTE DAME. So geht und sagt es ihr,
  Ich bleib indessen hier.
ZWEITE DAME. Nein, nein, geht ihr nur hin,
  Ich wache hier für ihn!
DRITTE DAME. Nein, nein, das kann nicht sein,
  Ich schütze ihn allein.
ERSTE DAME. Ich bleib indessen hier.
ZWEITE DAME. Ich wache hier für ihn!
DRITTE DAME. Ich schütze ihn allein!
ERSTE DAME. Ich bleibe!
ZWEITE DAME. Ich wache!
DRITTE DAME. Ich schütze!
ALLE DREI. Ich!
  (Jede für sich.) Ich sollte fort? Ei ei! wie fein!
  Sie wären gern bei ihm allein,
  Nein, nein, das kann nicht sein!
  (Eine nach der andern, dann alle drei zugleich.)
  Was wollte ich darum nicht geben,
  Könnt ich mit diesem Jüngling leben!
  Hätt ich ihn doch so ganz allein!
  Doch keine geht, es kann nicht sein.
  Am besten ist es nun, ich geh.
  Du Jüngling, schön und liebevoll,
  Du trauter Jüngling, lebe wohl,
  Bis ich dich wieder seh.
  (Sie gehen alle drei zur Pforte des Tempels ab, die sich selbst öffnet und schließt.)

TAMINO *(erwacht, sieht furchtsam umher).* Wo bin ich! Ist's Fantasie, daß ich noch lebe? Oder hat eine höhere Macht mich gerettet?
  (Er steht auf, sieht umher.)
  Wie? – Die bösartige Schlange liegt tot zu meinen Füßen?
  (Man hört von fern ein Waldflötchen, worunter das Orchester piano akkompagniert. Tamino spricht unter dem Ritornell.)

Was hör ich? Wo bin ich? Welch unbekannter Ort? – Ha,
eine männliche Figur nähert sich dem Tal.
(Versteckt sich hinter einem Baum.)

Zweiter Auftritt

*Papageno kommt den Fußsteig herunter, hat auf dem Rük-
ken eine große Vogelsteige, die hoch über den Kopf geht,
worin verschiedene Vögel sind; auch hält er mit beiden
Händen ein Faunen-Flötchen, pfeift und singt.*

Nr. 2 Arie

PAPAGENO. Der Vogelfänger bin ich ja,
 Stets lustig, heißa! hopsasa!
 Ich Vogelfänger bin bekannt
 Bei Alt und Jung im ganzen Land.
 Weiß mit dem Locken umzugehn
 Und mich aufs Pfeifen zu verstehn.
 Drum kann ich froh und lustig sein,
 Denn alle Vögel sind ja mein.
 (Pfeift.)

 Der Vogelfänger bin ich ja,
 Stets lustig, heißa! hopsasa!
 Ich Vogelfänger bin bekannt
 Bei Alt und Jung im ganzen Land.
 Ein Netz für Mädchen möchte ich,
 Ich fing' sie dutzendweis' für mich.
 Dann sperrte ich sie bei mir ein,
 Und alle Mädchen wären mein.
 (Pfeift.)

 Wenn alle Mädchen wären mein,
 So tauschte ich brav Zucker ein:
 Die, welche mir am liebsten wär,
 Der gäb ich gleich den Zucker her.

Und küßte sie mich zärtlich dann,
Wär sie mein Weib und ich ihr Mann.
Sie schlief' an meiner Seite ein,
Ich wiegte wie ein Kind sie ein.
(Pfeift, will nach der Arie nach der Pforte gehen.)

TAMINO *(nimmt ihn bei der Hand)*. He da!

PAPAGENO. Was da!

TAMINO. Sag mir, du lustiger Freund, wer du seist?

PAPAGENO. Wer ich bin? *(Für sich.)* Dumme Frage! *(Laut.)* Ein Mensch, wie du. — Wenn ich dich nun fragte, wer du bist? –

TAMINO. So würde ich dir antworten, daß ich aus fürstlichem Geblüte bin.

PAPAGENO. Das ist mir zu hoch. — Mußt dich deutlicher erklären, wenn ich dich verstehen soll!

TAMINO. Mein Vater ist Fürst, der über viele Länder und Menschen herrscht; darum nennt man mich Prinz.

PAPAGENO. Länder? — Menschen? — Prinz? –

TAMINO. Daher frag ich dich! –

PAPAGENO. Langsam! Laß mich fragen. – Sag du mir zuvor: Gibt's außer diesen Bergen auch noch Länder und Menschen?

TAMINO. Viele Tausende!

PAPAGENO. Da ließ' sich eine Spekulation mit meinen Vögeln machen.

TAMINO. Nun sag du mir, in welcher Gegend wir sind. –

PAPAGENO. In welcher Gegend?
(Sieht sich um.)
Zwischen Tälern und Bergen.

TAMINO. Schon recht! aber wie nennt man eigentlich diese Gegend? – Wer beherrscht sie? –

PAPAGENO. Das kann ich dir ebenso wenig beantworten, als ich weiß, wie ich auf die Welt gekommen bin.

TAMINO *(lacht)*. Wie? Du wüßtest nicht, wo du geboren oder wer deine Eltern waren? –

PAPAGENO. Kein Wort! – Ich weiß nicht mehr und nicht weniger, als daß mich ein alter, aber sehr lustiger Mann auferzogen und ernährt hat.

TAMINO. Das war vermutlich dein Vater? –

PAPAGENO. Das weiß ich nicht.

TAMINO. Hattest du denn deine Mutter nicht gekannt?

PAPAGENO. Gekannt hab ich sie nicht; erzählen ließ ich mir's einige Mal, daß meine Mutter einst da in diesem verschlossenen Gebäude bei der nächtlich sternflammenden Königin gedient hätte. – Ob sie noch lebt, oder was aus ihr geworden ist, weiß ich nicht. – Ich weiß nur so viel, daß nicht weit von hier meine Strohhütte steht, die mich vor Regen und Kälte schützt.

TAMINO. Aber wie lebst du?

PAPAGENO. Von Essen und Trinken, wie alle Menschen.

TAMINO. Wodurch erhältst du das?

PAPAGENO. Durch Tausch. – Ich fange für die sternflammende Königin und ihre Jungfrauen verschiedene Vögel; dafür erhalt ich täglich Speis und Trank von ihr.

TAMINO *(für sich)*. Sternflammende Königin? Wenn es etwa gar die mächtige Herrscherin der Nacht wäre! – Sag mir, guter Freund! warst du schon so glücklich, diese Göttin der Nacht zu sehen?

PAPAGENO *(der bisher öfters auf seiner Flöte geblasen)*. Deine letzte alberne Frage überzeugt mich, daß du aus einem fremden Land geboren bist. –

TAMINO. Sei darüber nicht ungehalten, lieber Freund! Ich dachte nur –

PAPAGENO. Sehen? – Die sternflammende Königin sehen? – Wenn du noch mit einer solchen albernen Frage an mich kommst, so sperr ich dich, so wahr ich Papageno heiße, wie einen Gimpel in mein Vogelhaus, verhandle dich dann mit meinen übrigen Vögeln an die nächtliche Königin und ihre Jungfrauen; dann mögen sie dich meinetwegen sieden oder braten.

TAMINO *(für sich)*. Ein wunderlicher Mann!

PAPAGENO. Sehen? – Die sternflammende Königin sehen? – Welcher Sterbliche kann sich rühmen, sie je gesehen zu haben? Welches Menschen Auge würde durch ihren schwarz durchwebten Schleier blicken können?

TAMINO *(für sich).* Nun ist's klar; es ist eben diese nächtliche Königin, von der mein Vater mir so oft erzählte. – Aber zu fassen, wie ich mich hierher verirrte, ist außer meiner Macht. Unfehlbar ist auch dieser Mann kein gewöhnlicher Mensch. – Vielleicht einer ihrer dienstbaren Geister.

PAPAGENO *(für sich).* Wie er mich so starr anblickt! bald fang ich an, mich vor ihm zu fürchten. – Warum siehst du so verdächtig und schelmisch nach mir?

TAMINO. Weil – weil ich zweifle, ob du Mensch bist. –

PAPAGENO. Wie war das?

TAMINO. Nach deinen Federn, die dich bedecken, halt ich dich –

(Geht auf ihn zu.)

PAPAGENO. Doch für keinen Vogel? – Bleib zurück, sag ich, und traue mir nicht; – denn ich habe Riesenkraft, wenn ich jemand packe. – Wenn er sich nicht bald von mir schrecken läßt, so lauf ich davon.

TAMINO. Riesenkraft?

(Er sieht auf die Schlange.)

Also warst du wohl gar mein Erretter, der diese giftige Schlange bekämpfte?

PAPAGENO. Schlange!

(Sieht sich um, weicht zitternd einige Schritte zurück.)

Was da! ist sie tot, oder lebendig?

TAMINO. Du willst durch deine bescheidene Frage meinen Dank ablehnen – aber ich muß dir sagen, daß ich ewig für deine so tapfere Handlung dankbar sein werde.

PAPAGENO. Schweigen wir davon still – freuen wir uns, daß sie glücklich überwunden ist.

TAMINO. Aber um alles in der Welt, Freund! wie hast du dieses Ungeheuer bekämpft? – Du bist ohne Waffen.

PAPAGENO. Brauch keine! – Bei mir ist ein starker Druck mit
der Hand mehr als Waffen.

TAMINO. Du hast sie also erdrosselt?

PAPAGENO. Erdrosselt! *(Für sich.)* Bin in meinem Leben
nicht so stark gewesen als heute.

Dritter Auftritt

Die Vorigen, die drei Damen.

DIE DREI DAMEN *(drohen und rufen zugleich).* Papageno!

PAPAGENO. Aha! das geht mich an. – Sieh dich um, Freund!

TAMINO. Wer sind diese Damen?

PAPAGENO. Wer sie eigentlich sind, weiß ich selbst nicht. –
Ich weiß nur so viel, daß sie mir täglich meine Vögel
abnehmen und mir dafür Wein, Zuckerbrot und süße
Feigen bringen.

TAMINO. Sie sind vermutlich sehr schön?

PAPAGENO. Ich denke nicht! – – denn wenn sie schön wären,
würden sie ihre Gesichter nicht bedecken.

DIE DREI DAMEN *(drohend).* Papageno! –

PAPAGENO. Sei still! Sie drohen mir schon. – Du fragst, ob
sie schön sind, und ich kann dir darauf nichts antworten,
als daß ich in meinem Leben nichts Reizenderes sah. –
Jetzt werden sie bald wieder gut werden. – –

DIE DREI DAMEN *(drohend).* Papageno! –

PAPAGENO. Was muß ich denn heute verbrochen haben, daß
sie gar so aufgebracht wider mich sind? – Hier, meine
Schönen, übergeb ich meine Vögel.

ERSTE DAME *(reicht ihm eine schöne Bouteille Wasser).* Dafür
schickt dir unsere Fürstin heute zum ersten Mal statt
Wein reines helles Wasser.

ZWEITE DAME. Und mir befahl sie, daß ich, statt Zuckerbrot,
diesen Stein dir überbringen soll. – Ich wünsche, daß er
dir wohl bekommen möge.

PAPAGENO. Was? Steine soll ich fressen?

DRITTE DAME. Und statt der süßen Feigen hab ich die Ehre,
dir dies goldene Schloß vor den Mund zu schlagen.
(Sie schlägt ihm das Schloß vor.)
(Papageno hat seinen Scherz durch Gebärden.)
ERSTE DAME. Du willst vermutlich wissen, warum die Für-
stin dich heute so wunderbar bestraft?
(Papageno bejaht es.)
ZWEITE DAME. Damit du künftig nie mehr Fremde belügst.
DRITTE DAME. Und daß du nie dich der Heldentaten rühmst,
die andre vollzogen. –
ERSTE DAME. Sag an! Hast du diese Schlange bekämpft?
(Papageno deutet nein.)
ZWEITE DAME. Wer denn also?
(Papageno deutet, er wisse es nicht.)
DRITTE DAME. Wir waren's, Jüngling, die dich befreiten. –
Zittre nicht! dich erwartet Freude und Entzücken. – Hier,
dies Gemälde schickt dir die große Fürstin; es ist das
Bildnis ihrer Tochter – findest du, sagte sie, daß diese
Züge dir nicht gleichgültig sind, dann ist Glück, Ehr und
Ruhm dein Los. – Auf Wiedersehen.
(Geht ab.)
ZWEITE DAME. Adieu, Monsieur Papageno!
(Geht ab.)
ERSTE DAME. Fein nicht zu hastig getrunken!
(Geht lachend ab.)
*(Papageno hat immer sein stummes Spiel gehabt. Tamino
ist gleich beim Empfang des Bildnisses aufmerksam gewor-
den; seine Liebe nimmt zu, ob er gleich für alle diese
Reden taub schien.)*

Vierter Auftritt

Tamino, Papageno.

Nr. 3 Arie

TAMINO. Dies Bildnis ist bezaubernd schön,
Wie noch kein Auge je gesehn.
Ich fühl es, wie dies Götterbild
Mein Herz mit neuer Regung füllt.
Dies Etwas kann ich zwar nicht nennen,
Doch fühl ich's hier wie Feuer brennen.
Soll die Empfindung Liebe sein?
Ja, ja, die Liebe ist's allein.
O wenn ich sie nur finden könnte!
O wenn sie doch schon vor mir stünde!
Ich würde – würde – warm und rein –
Was würde ich? – Ich würde sie voll Entzücken
An diesen heißen Busen drücken,
Und ewig wäre sie dann mein.
(Will ab.)

Fünfter Auftritt

Die drei Damen, Vorige.

ERSTE DAME. Rüste dich mit Mut und Standhaftigkeit, schöner Jüngling! – Die Fürstin –
ZWEITE DAME. Hat mir aufgetragen, dir zu sagen –
DRITTE DAME. Daß der Weg zu deinem künftigen Glücke
nunmehr gebahnt sei.
ERSTE DAME. Sie hat jedes deiner Worte gehört, so du
sprachst; sie hat –
ZWEITE DAME. Jeden Zug in deinem Gesichte gelesen. – Ja
noch mehr, ihr mütterliches Herz –
DRITTE DAME. Hat beschlossen, dich ganz glücklich zu
machen. – Hat dieser Jüngling, sprach sie, auch so viel

Mut und Tapferkeit, als er zärtlich ist, o so ist meine
Tochter Pamina ganz gewiß gerettet.

TAMINO. Gerettet? O ewige Dunkelheit! was hör ich? – Das
Original? –

ERSTE DAME. Hat ein mächtiger, böser Dämon ihr entrissen.

TAMINO. Entrissen? – O ihr Götter! – sagt, wie konnte das
geschehen?

ERSTE DAME. Sie saß an einem schönen Maientage ganz allein
in dem alles belebenden Zypressenwäldchen, welches immer ihr Lieblingsaufenthalt war. – Der Bösewicht schlich
unbemerkt hinein –

ZWEITE DAME. Belauschte sie, und –

DRITTE DAME. Er hat nebst seinem bösen Herzen auch noch
die Macht, sich in jede erdenkliche Gestalt zu verwandeln;
auf solche Weise hat er auch Pamina –

ERSTE DAME. Dies ist der Name der königlichen Tochter, so
Ihr anbetet.

TAMINO. O Pamina! du mir entrissen – du in der Gewalt
eines üppigen Bösewichts! – bist vielleicht in diesem
Augenblick – schrecklicher Gedanke!

DIE DREI DAMEN. Schweig, Jüngling! –

ERSTE DAME. Lästere der holden Schönheit Tugend nicht! –
Trotz aller Pein, so die Unschuld duldet, ist sie sich
immer gleich. – Weder Zwang noch Schmeichelei ist
vermögend, sie zum Wege des Lasters zu verführen.

TAMINO. O sagt, Mädchen! sagt, wo ist des Tyrannen Auf-
enthalt?

ZWEITE DAME. Sehr nahe an unsern Bergen lebt er in einem
angenehmen und reizenden Tale. – Seine Burg ist pracht-
voll, und sorgsam bewacht.

TAMINO. Kommt, Mädchen! führt mich! – Pamina sei gerettet! – Der Bösewicht falle von meinem Arm; das schwör
ich bei meiner Liebe, bei meinem Herzen!
*(Sogleich wird ein heftig erschütternder Akkord mit Musik
gehört.)*
Ihr Götter! was ist das?

DIE DREI DAMEN. Fasse dich!
ERSTE DAME. Es verkündigt die Ankunft unserer Königin.
  (Donner.)
DIE DREI DAMEN. Sie kommt! –
  (Donner.)
  Sie kommt! – –
  (Donner.)
  Sie kommt! –

Sechster Auftritt

Die Berge teilen sich auseinander, und das Theater verwandelt sich in ein prächtiges Gemach.

Die Königin sitzt auf einem Thron, welcher mit transparenten Sternen geziert ist.

Nr. 4 Rezitativ und Arie

KÖNIGIN DER NACHT. O zittre nicht, mein lieber Sohn!
  Du bist unschuldig, weise, fromm.
  Ein Jüngling, so wie du, vermag am besten,
  das tiefbetrübte Mutterherz zu trösten.

  Zum Leiden bin ich auserkoren,
  Denn meine Tochter fehlet mir.
  Durch sie ging all mein Glück verloren,
  Ein Bösewicht entfloh mit ihr.
  Noch seh ich ihr Zittern
  Mit bangem Erschüttern,
  Ihr ängstliches Beben,
  Ihr schüchternes Streben.
  Ich mußte sie mir rauben sehen.
  Ach helft! war alles was sie sprach;
  Allein vergebens war ihr Flehen,
  Denn meine Hilfe war zu schwach.
  Du wirst sie zu befreien gehen,

Du wirst der Tochter Retter sein! ja!
Und werd ich dich als Sieger sehen,
So sei sie dann auf ewig dein.
(Mit den drei Damen ab.)

Das Theater verwandelt sich wieder so, wie es vorher war.

Siebenter Auftritt
Tamino, Papageno.

TAMINO *(nach einer Pause)*. Ist's denn auch Wirklichkeit,
was ich sah? oder betäubten mich meine Sinnen? – O ihr
guten Götter, täuscht mich nicht, oder ich unterliege
eurer Prüfung. – Schützet meinen Arm, stählt meinen
Mut, und Taminos Herz wird ewigen Dank euch ent-
gegen schlagen.
(Er will gehen, Papageno tritt ihm in den Weg.)

Nr. 5 Quintett
PAPAGENO *(mit dem Schlosse vor dem Maul, winkt traurig
darauf)*. Hm! hm! hm! hm! hm! hm! hm! hm!
TAMINO. Der Arme kann von Strafe sagen,
Denn seine Sprache ist dahin!
PAPAGENO. Hm! hm! hm! hm! hm! hm! hm! hm!
TAMINO. Ich kann nichts tun, als dich beklagen,
Weil ich zu schwach zu helfen bin!
PAPAGENO. Hm! hm! hm! hm! hm! hm! hm! hm!

Achter Auftritt

Die drei Damen, Vorige.

ERSTE DAME *(nimmt ihm das Schloß vom Maul weg).*
Die Königin begnadigt dich,
Entläßt die Strafe dir durch mich.

PAPAGENO. Nun plaudert Papageno wieder!

ZWEITE DAME. Ja plaudre – lüge nur nicht wieder!

PAPAGENO. Ich lüge nimmermehr, nein, nein!

DIE DREI DAMEN. Dies Schloß soll deine Warnung sein!

PAPAGENO. Dies Schloß soll meine Warnung sein!

ALLE. Bekämen doch die Lügner alle
Ein solches Schloß vor ihren Mund:
Statt Haß, Verleumdung, schwarzer Galle
Bestünde Lieb und Bruderbund.

ERSTE DAME. O Prinz, nimm dies Geschenk von mir!
Dies sendet unsre Fürstin dir.
(Gibt ihm eine goldene Flöte.)
Die Zauberflöte wird dich schützen,
Im größten Unglück unterstützen.

DIE DREI DAMEN. Hiemit kannst du allmächtig handeln,
Der Menschen Leidenschaft verwandeln,
Der Traurige wird freudig sein,
Den Hagestolz nimmt Liebe ein.

ALLE. O so eine Flöte ist mehr als Gold und Kronen wert,
Denn durch sie wird Menschenglück und Zufriedenheit
vermehrt.

PAPAGENO. Nun, ihr schönen Frauenzimmer –
Darf ich? so empfehl ich mich?

DIE DREI DAMEN. Dich empfehlen kannst du immer,
Doch bestimmt die Fürstin dich,
Mit dem Prinzen ohn Verweilen
Nach Sarastros Burg zu eilen.

PAPAGENO. Nein, dafür bedank ich mich.
Von euch selbsten hörte ich,
Daß er wie ein Tigertier.

Sicher ließ' ohn alle Gnaden
Mich Sarastro rupfen, braten,
Setzte mich den Hunden für.

DIE DREI DAMEN. Dich schützt der Prinz, trau ihm allein,
    Dafür sollst du sein Diener sein.

PAPAGENO *(für sich)*. Daß doch der Prinz beim Teufel wäre.
Mein Leben ist mir lieb.
Am Ende schleicht, bei meiner Ehre,
Er von mir wie ein Dieb.

ERSTE DAME *(gibt ihm ein stahlnes Gelächter[1])*.
Hier nimm dies Kleinod, es ist dein!

PAPAGENO. Ei! Ei! was mag da drinnen sein?

DIE DREI DAMEN. Darinnen hörst du Glöckchen tönen!

PAPAGENO. Werd ich sie auch wohl spielen können?

DIE DREI DAMEN. O ganz gewiß! ja, ja, gewiß!

ALLE. Silberglöckchen, Zauberflöten
    Sind zu eurem (unserm) Schutz vonnöten!
    Lebet wohl! wir wollen gehn!
    Lebet wohl – auf Wiedersehn!
    (Alle wollen gehen.)

TAMINO. Doch, schöne Damen, saget an . . .

PAPAGENO. . . . wo man die Burg wohl finden kann?

BEIDE. Wo man die Burg wohl finden kann? –

DIE DREI DAMEN.
    Drei Knäbchen, jung, schön, hold und weise,
    Umschweben euch auf eurer Reise.
    Sie werden eure Führer sein,
    Folgt ihrem Rate ganz allein.

TAMINO, PAPAGENO.
    Drei Knäbchen, jung, schön, hold und weise,
    Umschweben uns auf unsrer Reise?

ALLE. So lebet wohl! wir wollen gehn;
    Lebt wohl, lebt wohl, auf Wiedersehn!
    (Alle ab.)

---

1 Glockenspiel.

Neunter Auftritt

Zwei Sklaven tragen, sobald das Theater in ein prächtiges ägyptisches Zimmer verwandelt ist, schöne Polster nebst einem prächtigen türkischen Tisch heraus, breiten Teppiche aus; sodann kommt der dritte Sklave.

DRITTER SKLAVE. Ha, ha, ha!

ERSTER SKLAVE. Pst, Pst!

ZWEITER SKLAVE. Was soll denn das Lachen? –

DRITTER SKLAVE. Unser Peiniger, der alles belauschende Mohr, wird morgen sicherlich gehangen oder gespießt. – Pamina! – Ha, ha, ha!

ERSTER SKLAVE. Nun?

DRITTER SKLAVE. Das reizende Mädchen! – Ha, ha, ha!

ZWEITER SKLAVE. Nun?

DRITTER SKLAVE. Ist entsprungen.

ERSTER UND ZWEITER SKLAVE. Entsprungen? – –

ERSTER SKLAVE. Und sie entkam?

DRITTER SKLAVE. Unfehlbar! – Wenigstens ist's mein wahrer Wunsch.

ERSTER SKLAVE. O Dank euch, ihr guten Götter! ihr habt meine Bitte erhört.

DRITTER SKLAVE. Sagt ich euch nicht immer, es wird doch ein Tag für uns scheinen, wo wir gerochen, und der schwarze Monostatos bestraft werden wird.

ZWEITER SKLAVE. Was spricht nun der Mohr zu der Geschichte?

ERSTER SKLAVE. Er weiß doch davon?

DRITTER SKLAVE. Natürlich! Sie entlief vor seinen Augen. – Wie mir einige Brüder erzählten, die im Garten arbeiteten und von weitem sahen und hörten, so ist der Mohr nicht mehr zu retten; auch wenn Pamina von Sarastros Gefolge wieder eingebracht würde.

ERSTER UND ZWEITER SKLAVE. Wieso?

DRITTER SKLAVE. Du kennst ja den üppigen Wanst und seine Weise; das Mädchen aber war klüger als ich dachte. – In

dem Augenblicke, da er zu siegen glaubte, rief sie Sarastros Namen: das erschütterte den Mohren; er blieb
stumm und unbeweglich stehen – indes lief Pamina nach
dem Kanal, und schiffte von selbst in einer Gondel dem
Palmenwäldchen zu.

ERSTER SKLAVE. O wie wird das schüchterne Reh mit Todes-
angst dem Palaste ihrer zärtlichen Mutter zueilen.

Zehnter Auftritt

Vorige, Monostatos von innen.

MONOSTATOS. He, Sklaven!

ERSTER SKLAVE. Monostatos' Stimme!

MONOSTATOS. He, Sklaven! Schafft Fesseln herbei! –

DIE DREI SKLAVEN. Fesseln?

ERSTER SKLAVE *(lauft zur Seitentüre)*. Doch nicht für
Pamina? O ihr Götter! da seht, Brüder, das Mädchen ist
gefangen.

ZWEITER UND DRITTER SKLAVE. Pamina? – Schrecklicher
Anblick!

ERSTER SKLAVE. Seht, wie der unbarmherzige Teufel sie bei
ihren zarten Händchen faßt. – Das halt ich nicht aus.
(Geht auf die andere Seite ab.)

ZWEITER SKLAVE. Ich noch weniger. –
(Auch dort ab.)

DRITTER SKLAVE. So was sehen zu müssen, ist Höllenmarter.
(Ab.)

Elfter Auftritt

Monostatos, Pamina, die von Sklaven hereingeführt wird.

Nr. 6   Terzett

MONOSTATOS. Du feines Täubchen, nur herein.
PAMINA. O welche Marter, welche Pein!
MONOSTATOS. Verloren ist dein Leben.
PAMINA. Der Tod macht mich nicht beben;
  Nur meine Mutter dauert mich,
  Sie stirbt vor Gram ganz sicherlich.
MONOSTATOS. He, Sklaven! legt ihr Fesseln an;
  Mein Haß soll dich verderben!
  (Sie legen ihr Fesseln an.)
PAMINA. O laßt mich lieber sterben,
  Weil nichts, Barbar, dich rühren kann.
  (Sinkt in Ohnmacht auf ein Sofa.)
MONOSTATOS. Nun fort! Laßt mich bei ihr allein.
  (Die Sklaven gehen ab.)

Zwölfter Auftritt

Papageno, Vorige.

PAPAGENO *(am Fenster, von außen, ohne gleich gesehen zu werden)*. Wo bin ich wohl! Wo mag ich sein?
  Aha, da find ich Leute,
  Gewagt; ich geh hinein.
  (Geht hinein.)
  Schön Mädchen, jung und rein,
  Viel weißer noch als Kreide ...
MONOSTATOS UND PAPAGENO *(sehen sich – erschrickt einer über den andern)*. Hu ––– Das ist – der Teufel sicherlich.
  Hab Mitleid – verschone mich –
  Hu – Hu – Hu –
  (Sie laufen beide ab.)

Dreizehnter Auftritt

Pamina allein.

PAMINA *(spricht wie im Traum)*. Mutter – Mutter – Mutter! –
(Sie erholt sich, sieht sich um.)
Wie? – Noch schlägt dieses Herz? – Noch nicht vernichtet? – Zu neuen Qualen erwacht? – O das ist hart, sehr hart! – Mir bitterer als der Tod!

Vierzehnter Auftritt

Papageno, Pamina.

PAPAGENO. Bin ich nicht ein Narr, daß ich mich schrecken ließ? – Es gibt ja schwarze Vögel in der Welt, warum denn nicht auch schwarze Menschen? – Ah, sieh da! hier ist das schöne Fräulenbild noch. – Du Tochter der nächtlichen Königin!

PAMINA. Nächtliche Königin? – Wer bist du?

PAPAGENO. Ein Abgesandter der sternflammenden Königin.

PAMINA *(freudig)*. Meiner Mutter? – O Wonne! – Dein Name!

PAPAGENO. Papageno.

PAMINA. Papageno? – Papageno – Ich erinnere mich den Namen oft gehört zu haben, dich selbst aber sah ich nie. –

PAPAGENO. Ich dich ebensowenig.

PAMINA. Du kennst also meine gute, zärtliche Mutter?

PAPAGENO. Wenn du die Tochter der nächtlichen Königin bist – ja!

PAMINA. O ich bin es.

PAPAGENO. Das will ich gleich erkennen.
(Er sieht das Porträt an, welches der Prinz zuvor empfangen und Papageno nun an einem Bande am Halse trägt.)
Die Augen schwarz – richtig, schwarz. – Die Lippen rot – richtig, rot – blonde Haare – blonde Haare – Alles trifft ein, bis auf Händ und Füße. – – – Nach dem Gemälde zu

schließen, sollst du weder Hände noch Füße haben; denn hier sind auch keine angezeigt.

PAMINA. Erlaube mir – Ja ich bin's. Wie kam es in deine Hände?

PAPAGENO. Dir das zu erzählen, wäre zu weitläufig; es kam von Hand zu Hand.

PAMINA. Wie kam es in die deinige?

PAPAGENO. Auf eine wunderbare Art. – Ich habe es gefangen.

PAMINA. Gefangen?

PAPAGENO. Ich muß dir das umständlicher erzählen. – Ich kam heute früh wie gewöhnlich zu deiner Mutter Palast mit meiner Lieferung. –

PAMINA. Lieferung?

PAPAGENO. Ja, ich liefere deiner Mutter und ihren Jungfrauen schon seit vielen Jahren alle die schönen Vögel in den Palast. – Eben als ich im Begriff war, meine Vögel abzugeben, sah ich einen Menschen vor mir, der sich Prinz nennen läßt. – Dieser Prinz hat deine Mutter so eingenommen, daß sie ihm dein Bildnis schenkte, und ihm befahl, dich zu befreien. – Sein Entschluß war so schnell, als seine Liebe zu dir.

PAMINA. Liebe? *(Freudig.)* Er liebt mich also? O sage mir das noch einmal, ich höre das Wort Liebe gar zu gerne.

PAPAGENO. Das glaube ich dir, ohne zu schwören; bist ja ein Fräulenbild. – Wo blieb ich denn?

PAMINA. Bei der Liebe.

PAPAGENO. Richtig, bei der Liebe! – Das nenn ich Gedächtnis haben – kurz also, diese große Liebe zu dir war der Peitschenstreich, um unsre Füße in schnellen Gang zu bringen; nun sind wir hier, dir tausend schöne und angenehme Sachen zu sagen; dich in unsre Arme zu nehmen und, wenn es möglich ist, ebenso schnell, wo nicht schneller als hierher, in den Palast deiner Mutter zu eilen.

PAMINA. Das ist alles sehr schön gesagt; aber lieber Freund! wenn der unbekannte Jüngling oder Prinz, wie er sich nennt, Liebe für mich fühlt, warum säumt er so lange, mich von meinen Fesseln zu befreien? –

PAPAGENO. Da steckt eben der Haken. – Wie wir von den Jungfrauen Abschied nehmen, so sagten sie uns, drei holde Knaben würden unsre Wegweiser sein, sie würden uns belehren, wie und auf was Art wir handeln sollen.

PAMINA. Sie lehrten euch?

PAPAGENO. Nichts lehrten sie uns, denn wir haben keinen gesehen. – Zu Sicherheit also war der Prinz so fein, mich voraus zu schicken, um dir unsre Ankunft anzukündigen.

PAMINA. Freund, du hast viel gewagt! Wenn Sarastro dich hier erblicken sollte. – –

PAPAGENO. So wird mir meine Rückreise erspart – das kann ich mir denken.

PAMINA. Dein martervoller Tod würde ohne Grenzen sein.

PAPAGENO. Um diesem auszuweichen, so gehen wir lieber bei Zeiten.

PAMINA. Wie hoch mag wohl die Sonne sein?

PAPAGENO. Bald gegen Mittag.

PAMINA. So haben wir keine Minute zu versäumen. – Um diese Zeit kommt Sarastro gewöhnlich von der Jagd zurück.

PAPAGENO. Sarastro ist also nicht zu Hause? – Pah! da haben wir gewonnenes Spiel! – Komm, schönes Fräulenbild! du wirst Augen machen, wenn du den schönen Jüngling erblickst.

PAMINA. Wohl denn! es sei gewagt!
(Sie gehen, Pamina kehrt um.)
Aber wenn dies ein Fallstrick wäre – wenn dieser nun ein böser Geist von Sarastros Gefolge wäre? –
(Sieht ihn bedenklich an.)

PAPAGENO. Ich ein böser Geist? – Wo denkt Ihr hin, Fräulenbild! – Ich bin der beste Geist von der Welt.

PAMINA. Doch nein; das Bild hier überzeugt mich, daß ich nicht getäuscht bin; es kommt von den Händen meiner zärtlichsten Mutter.

PAPAGENO. Schön's Fräuleinbild, wenn dir wieder ein so böser Verdacht aufsteigen sollte, daß ich dich betrügen wollte, so denke nur fleißig an die Liebe, und jeder böse Argwohn wird schwinden.

PAMINA. Freund, vergib! vergib! wenn ich dich beleidigte. Du hast ein gefühlvolles Herz, das sehe ich in jedem deiner Züge.

PAPAGENO. Ach freilich habe ich ein gefühlvolles Herz – aber was nützt mir das alles? – Ich möchte mir oft alle meine Federn ausrupfen, wenn ich bedenke, daß Papageno noch keine Papagena hat.

PAMINA. Armer Mann! du hast also noch kein Weib?

PAPAGENO. Nicht einmal ein Mädchen, viel weniger ein Weib! – Ja das ist betrübt! – – Und unsereiner hat doch auch bisweilen seine lustigen Stunden, wo man gern gesellschaftliche Unterhaltung haben möcht. –

PAMINA. Geduld, Freund! der Himmel wird auch für dich sorgen; er wird dir eine Freundin schicken, ehe du dir's vermutest. – –

PAPAGENO. Wenn er's nur bald schickte.

Nr. 7 Duett

PAMINA. Bei Männern, welche Liebe fühlen,
Fehlt auch ein gutes Herze nicht.

PAPAGENO. Die süßen Triebe mitzufühlen,
Ist dann der Weiber erste Pflicht.

BEIDE. Wir wollen uns der Liebe freun,
Wir leben durch die Lieb allein.

PAMINA. Die Lieb versüßet jede Plage,
Ihr opfert jede Kreatur.

PAPAGENO. Sie würzet unsre Lebenstage,
Sie wirkt im Kreise der Natur.

BEIDE. Ihr hoher Zweck zeigt deutlich an:
Nichts Edlers sei, als Weib und Mann.
Mann und Weib und Weib und Mann
Reichen an die Gottheit an.
(Beide ab.)

Das Theater verwandelt sich in einen Hain. Ganz im Grunde der Bühne ist ein schöner Tempel, worauf diese Worte stehen: »Tempel der Weisheit«; dieser Tempel führt mit Säulen zu zwei andern Tempeln; rechts auf dem einen steht: »Tempel der Vernunft«. Links steht: »Tempel der Natur«.

Fünfzehnter Auftritt

Drei Knaben führen den Tamino herein, jeder hat einen silbernen Palmzweig in der Hand.

Nr. 8 Finale

DIE DREI KNABEN. Zum Ziele führt dich diese Bahn,
  Doch mußt du, Jüngling! männlich siegen,
  Drum höre unsre Lehre an:
  Sei standhaft, duldsam, und verschwiegen! –
TAMINO. Ihr holden Kleinen, saget an,
  Ob ich Paminen retten kann? –
DIE DREI KNABEN. Dies kund zu tun steht uns nicht an;
  Sei standhaft, duldsam, und verschwiegen!
  Bedenke dies, kurz, sei ein Mann.
  Dann, Jüngling, wirst du männlich siegen.
  (Gehen ab.)

Rezitativ

TAMINO. Die Weisheitslehre dieser Knaben
  Sei ewig mir ins Herz gegraben.
  Wo bin ich nun? – was wird mit mir?
  Ist dies der Sitz der Götter hier? –
  Doch zeigen die Pforten, es zeigen die Säulen,
  Daß Klugheit und Arbeit und Künste hier weilen.
  Wo Tätigkeit thronet und Müßiggang weicht,
  Erhält seine Herrschaft das Laster nicht leicht.
  Ich wage mich mutig zur Pforte hinein.

Die Absicht ist edel, und lauter, und rein.
Erzittre, feiger Bösewicht!
Paminen retten ist mir Pflicht.
*(Geht an die Pforte rechts, macht sie auf, und als er hinein
will, hört man von fern eine Stimme.)*

EINE STIMME. Zurück!

TAMINO. Zurück? so wag ich hier mein Glück!
(Geht an die Pforte links.)

EINE STIMME *(von innen)*. Zurück!

TAMINO. Auch hier ruft man »zurück«?
(Sieht sich um.)
Da seh ich noch eine Tür!
Vielleicht find ich den Eingang hier!
(Er klopft, ein alter Priester erscheint.)

PRIESTER. Wo willst du, kühner Fremdling, hin?
Was suchst du hier im Heiligtum?

TAMINO. Der Lieb und Tugend Eigentum.

PRIESTER. Die Worte sind von hohem Sinn –
Allein wie willst du diese finden?
Dich leitet Lieb und Tugend nicht,
Weil Tod und Rache dich entzünden.

TAMINO. Nur Rache für den Bösewicht.

PRIESTER. Den wirst du wohl bei uns nicht finden.

TAMINO *(schnell)*. Sarastro herrscht in diesen Gründen?

PRIESTER. Ja, ja, Sarastro herrschet hier.

TAMINO. Doch in der Weisheit Tempel nicht? –

PRIESTER *(langsam)*. Er herrscht im Weisheitstempel hier! –

TAMINO *(will gehen)*. So ist denn alles Heuchelei! –

PRIESTER. Willst du schon wieder gehn?

TAMINO. Ja, ich will gehen, froh und frei –
Nie euren Tempel sehn! –

PRIESTER. Erklär dich näher mir,
Dich täuschet ein Betrug! –

TAMINO. Sarastro wohnet hier,
Das ist mir schon genug! –

PRIESTER. Wenn du dein Leben liebst,
  So rede, bleibe da!
  Sarastro hassest du?
TAMINO. Ich haß ihn ewig, ja! –
PRIESTER. Nun gib mir deine Gründe an! –
TAMINO. Er ist ein Unmensch, ein Tyrann! –
PRIESTER. Ist das, was du gesagt, erwiesen?
TAMINO. Durch ein unglücklich Weib bewiesen,
  Das Gram und Jammer niederdrückt!
PRIESTER. Ein Weib hat also dich berückt? –
  Ein Weib tut wenig, plaudert viel.
  Du, Jüngling, glaubst dem Zungenspiel?
  O legte doch Sarastro dir
  Die Absicht seiner Handlung für. –
TAMINO. Die Absicht ist nur allzu klar!
  Riß nicht der Räuber ohn Erbarmen
  Paminen aus der Mutter Armen? –
PRIESTER. Ja, Jüngling, was du sagst, ist wahr! –
TAMINO. Wo ist sie, die er uns geraubt?
  Man opferte vielleicht sie schon? –
PRIESTER. Dir dies zu sagen, teurer Sohn,
  Ist jetzund mir noch nicht erlaubt. –
TAMINO. Erklär dies Rätsel, täusch mich nicht!
PRIESTER. Die Zunge bindet Eid und Pflicht!
TAMINO. Wann also wird die Decke schwinden?
PRIESTER. Sobald dich führt der Freundschaft Hand
  Ins Heiligtum zum ewgen Band.
  (Geht ab.)
TAMINO *(allein).*
  O ewge Nacht! wann wirst du schwinden? –
  Wann wird das Licht mein Auge finden? –
CHOR *(von innen).* Bald, Jüngling, oder nie!
TAMINO. Bald, sagt ihr, oder nie? –
  Ihr Unsichtbaren, saget mir:
  Lebt denn Pamina noch? –
CHOR *(von innen).* Pamina lebet noch! –

TAMINO *(freudig).* Sie lebt!
  Ich danke euch dafür.
  (Nimmt seine Flöte heraus.)
  O wenn ich doch im Stande wäre,
  Allmächtige, zu eurer Ehre,
  Mit jedem Tone meinen Dank
  Zu schildern, wie er hier *(aufs Herz deutend)* entsprang!
  *(Er spielt. Es kommen Tiere von allen Arten hervor, ihm
  zuzuhören. Er hört auf, und sie fliehen. Die Vögel pfeifen
  dazu.)*
  Wie stark ist nicht dein Zauberton,
  Weil, holde Flöte, durch dein Spielen
  Selbst wilde Tiere Freude fühlen.
  Doch nur Pamina bleibt davon.
  (Spielt.)
  Pamina! *(Spielt.)* Höre mich! *(Spielt.)*
  Umsonst!
  (Spielt.)
  Wo? *(spielt)* ach, wo find ich dich?
  *(Spielt. Papageno antwortet von innen mit seinem Flöt-
  chen.)*
  Ha, das ist Papagenos Ton!
  (Spielt. Papageno antwortet.)
  Vielleicht sah er Paminen schon! –
  Vielleicht eilt sie mit ihm zu mir! –
  Vielleicht führt mich der Ton zu ihr!
  (Ab.)

Sechzehnter Auftritt

Papageno, Pamina ohne Fesseln.

BEIDE. Schnelle Füße, rascher Mut,
  Schützt vor Feindes List und Wut.
  Fänden wir Tamino doch!
  Sonst erwischen sie uns noch!

PAMINA. Holder Jüngling! –

PAPAGENO. Stille, stille, ich kann's besser! –
(Pfeift. Tamino antwortet von innen auf seiner Flöte.)

BEIDE. Welche Freude ist wohl größer,
Freund Tamino hört uns schon,
Hieher kam der Flötenton.
Welch ein Glück, wenn ich ihn finde.
Nur geschwinde, nur geschwinde!
(Wollen hineingehen.)

Siebzehnter Auftritt

Vorige, Monostatos.

MONOSTATOS *(ihrer spottend).*
Nur geschwinde, nur geschwinde ...
Ha! – hab ich euch noch erwischt!
Nur herbei mit Stahl und Eisen;
Wart, man wird euch Mores weisen!
Den Monostatos berücken! –
Nur herbei mit Band und Stricken,
He, ihr Sklaven, kommt herbei! –
(Die Sklaven kommen mit Fesseln.)

PAMINA, PAPAGENO. Ach! nun ist's mit uns vorbei!

PAPAGENO. Wer viel wagt, gewinnt oft viel!
Komm du schönes Glockenspiel,
Laß die Glöckchen klingen, klingen,
Daß die Ohren ihnen singen.
(Schlägt auf seinem Instrument.)

MONOSTATOS UND SKLAVEN.
Das klinget so herrlich, das klinget so schön!
Larala, larala!
Nie hab ich so etwas gehört und gesehn!
Larala, larala!
(Gehen marschmäßig ab.)

PAMINA, PAPAGENO *(lachen).* Könnte jeder brave Mann
  Solche Glöckchen finden,
  Seine Feinde würden dann
  Ohne Mühe schwinden.
  Und er lebte ohne sie
  In der besten Harmonie!
  Nur der Freundschaft Harmonie
  Mildert die Beschwerden,
  Ohne diese Sympathie
  Ist kein Glück auf Erden.
CHOR *(von innen).* Es lebe Sarastro! Sarastro lebe! –
PAPAGENO. Was soll dies bedeuten? Ich zittre, ich bebe!
PAMINA. O Freund! nun ist's um uns getan!
  Dies kündigt den Sarastro an!
PAPAGENO. O wär ich eine Maus,
  Wie wollt ich mich verstecken –
  Wär ich so klein wie Schnecken,
  So kröch ich in mein Haus! –
  Mein Kind, was werden wir nun sprechen? –
PAMINA. Die Wahrheit – die Wahrheit!
  Sei sie auch Verbrechen! –

Achtzehnter Auftritt

*Ein Zug von Gefolge; zuletzt fährt Sarastro auf einem
Triumphwagen heraus, der von sechs Löwen gezogen wird;
Vorige.*

CHOR. Es lebe Sarastro, Sarastro soll leben!
  Er ist es, dem wir uns mit Freuden ergeben!
  Stets mög er des Lebens als Weiser sich freun. –
  Er ist unser Abgott, dem alle sich weihn.
  *(Dieser Chor wird gesungen, bis Sarastro aus dem Wagen
  ist.)*
PAMINA *(kniet).* Herr, ich bin zwar Verbrecherin! –
  Ich wollte deiner Macht entfliehn. –

Allein die Schuld ist nicht an mir!
Der böse Mohr verlangte Liebe,
Darum, o Herr, entfloh ich dir! –
SARASTRO. Steh auf, erheitre dich, o Liebe;
Denn ohne erst in dich zu dringen,
Weiß ich von deinem Herzen mehr,
Du liebest einen andern sehr.
Zur Liebe will ich dich nicht zwingen,
Doch geb ich dir die Freiheit nicht.
PAMINA. Mich rufet ja die Kindespflicht,
Denn meine Mutter –
SARASTRO. Steht in meiner Macht.
Du würdest um dein Glück gebracht,
Wenn ich dich ihren Händen ließe. –
PAMINA. Mir klingt der Mutter Namen süße;
Sie ist es –
SARASTRO. Und ein stolzes Weib. –
Ein Mann muß eure Herzen leiten,
Denn ohne ihn pflegt jedes Weib
Aus ihrem Wirkungskreis zu schreiten.

Neunzehnter Auftritt

Monostatos, Tamino, Vorige.

MONOSTATOS. Na, stolzer Jüngling; nur hierher!
Hier ist Sarastro unser Herr!
PAMINA. Er ist's.
TAMINO. Sie ist's.
PAMINA. Ich glaub es kaum!
TAMINO. Sie ist's.
PAMINA. Er ist's.
TAMINO. Es ist kein Traum!
PAMINA. Es schling mein Arm sich um ihn her!
TAMINO. Es schling mein Arm sich um sie her!
BEIDE. Und wenn es auch mein Ende wär!

CHOR. Was soll das heißen?
MONOSTATOS. Welch eine Dreistigkeit!
  Gleich auseinander, das geht zu weit!
  (Trennt sie, kniet.)
  Dein Sklave liegt zu deinen Füßen,
  Laß den verwegnen Frevler büßen.
  Bedenk, wie frech der Knabe ist!
  Durch dieses seltnen Vogels List
  Wollt er Pamina dir entführen,
  Allein, ich wußt ihn auszuspüren.
  Du kennst mich! – Meine Wachsamkeit –
SARASTRO. Verdient, daß man ihr Lorbeer streut.
  He! Gebt dem Ehrenmann sogleich –
MONOSTATOS. Schon deine Gnade macht mich reich!
SARASTRO. Nur siebenundsiebenzig Sohlenstreich.
MONOSTATOS. Ach, Herr, den Lohn verhofft ich nicht.
SARASTRO. Nicht Dank! Es ist ja meine Pflicht!
  (Monostatos wird fortgeführt.)
CHOR. Es lebe Sarastro, der göttliche Weise,
  Er lohnet und strafet in ähnlichem Kreise.

Rezitativ

SARASTRO. Führt diese beiden Fremdlinge
  In unsern Prüfungstempel ein,
  Bedecket ihre Häupter dann –
  Sie müssen erst gereinigt sein.
  *(Zwei bringen eine Art Sack und bedecken die Häupter
  der beiden Fremden.)*
CHOR. Wenn Tugend und Gerechtigkeit
  Der Großen Pfad mit Ruhm bestreut –
  Dann ist die Erd ein Himmelreich
  Und Sterbliche den Göttern gleich.

Ende des ersten Aufzugs

Zweiter Aufzug

Erster Auftritt

Das Theater ist ein Palmwald; alle Bäume sind silberartig, die Blätter von Gold. Achtzehn Sitze von Blättern; auf einem jeden Sitze steht eine Pyramide, und ein großes schwarzes Horn mit Gold gefaßt. In der Mitte die größte Pyramide, auch die größten Bäume.

Sarastro nebst anderen Priestern kommen in feierlichen Schritten, jeder mit einem Palmenzweige in der Hand.

Nr. 9 Marsch

SARASTRO *(nach einer Pause)*. Ihr, in dem Weisheitstempel eingeweihten Diener der großen Götter Osiris und Isis! – Mit reiner Seele erklär ich euch, daß unsre heutige Versammlung eine der wichtigsten unsrer Zeit ist. – Tamino, ein Königssohn, zwanzig Jahre seines Alters, wandelt an der nördlichen Pforte unsers Tempels, und seufzt mit tugendvollem Herzen nach einem Gegenstande, den wir alle mit Mühe und Fleiß erringen müssen. – Kurz, dieser Jüngling will seinen nächtlichen Schleier von sich reißen, und ins Heiligtum des größten Lichtes blicken. – Diesen Tugendhaften zu bewachen, ihm freundschaftlich die Hand zu bieten, sei heute eine unsrer wichtigsten Pflichten.

ERSTER PRIESTER *(steht auf)*. Er besitzt Tugend?

SARASTRO. Tugend!

ZWEITER PRIESTER. Auch Verschwiegenheit?

SARASTRO. Verschwiegenheit!

DRITTER PRIESTER. Ist wohltätig?

SARASTRO. Wohltätig! – haltet ihr ihn für würdig, so folgt meinem Beispiele.
(Sie blasen dreimal in die Hörner.)

Gerührt über die Einigkeit eurer Herzen, dankt Sarastro
euch im Namen der Menschheit. – Mag immer das Vorurteil seinen Tadel über uns Eingeweihte auslassen! – Weisheit und Vernunft zerstückt es gleich dem Spinnengewe-
be. – Unsere Säulen erschüttern sie nie. Jedoch das böse
Vorurteil soll schwinden; und es wird schwinden, sobald
Tamino selbst die Größe unserer schweren Kunst besitzen
wird. – Pamina, das sanfte, tugendhafte Mädchen, haben
die Götter dem holden Jünglinge bestimmt; dies ist der
Grundstein, warum ich sie der stolzen Mutter entriß. –
Das Weib dünkt sich groß zu sein; hofft durch Blendwerk
und Aberglauben das Volk zu berücken, und unsern
festen Tempelbau zu zerstören. Allein, das soll sie nicht;
Tamino, der holde Jüngling selbst, soll ihn mit uns befe-
stigen und als Eingeweihter der Tugend Lohn, dem Laster
aber Strafe sein.
*(Der dreimalige Akkord in den Hörnern wird von allen
wiederholt.)*
SPRECHER *(steht auf)*. Großer Sarastro, deine weisheitsvollen
Reden erkennen und bewundern wir; allein, wird Tamino
auch die harten Prüfungen, so seiner warten, bekämpfen?
– Verzeih, daß ich so frei bin, dir meinen Zweifel zu
eröffnen! Mich bangt es um den Jüngling. Wenn nun, im
Schmerz dahingesunken, sein Geist ihn verließe und er
dem harten Kampf unterläge. – Er ist Prinz! –
SARASTRO. Noch mehr – er ist Mensch!
SPRECHER. Wenn er nun aber in seiner frühen Jugend leblos
erblaßte?
SARASTRO. Dann ist er Osiris und Isis gegeben, und wird der
Götter Freuden früher fühlen als wir.
(Der dreimalige Akkord wird wiederholt.)
Man führe Tamino mit seinem Reisegefährten in den
Vorhof des Tempels ein.
(Zum Sprecher, der vor ihm niederkniet.)
Und du, Freund! den die Götter durch uns zum Verteidi-
ger der Wahrheit bestimmten – vollziehe dein heiliges

Amt, und lehre durch deine Weisheit beide, was Pflicht
der Menschheit sei, lehre sie die Macht der Götter erkennen.

*(Sprecher geht mit einem Priester ab, alle Priester stellen
sich mit ihren Palmenzweigen zusammen.)*

Nr. 10   Arie mit Chor

SARASTRO. O Isis und Osiris, schenket
  Der Weisheit Geist dem neuen Paar!
  Die ihr der Wandrer Schritte lenket,
  Stärkt mit Geduld sie in Gefahr.
CHOR. Stärkt mit Geduld sie in Gefahr.
SARASTRO. Laßt sie der Prüfung Früchte sehen.
  Doch sollten sie zu Grabe gehen,
  So lohnt der Tugend kühnen Lauf,
  Nehmt sie in euren Wohnsitz auf.
CHOR. Nehmt sie in euren Wohnsitz auf!
  (Sarastro geht voraus, dann alle ihm nach ab.)

*Nacht, der Donner rollt von weitem. Das Theater verwan-
delt sich in einen kurzen Vorhof des Tempels, wo man
Rudera[2] von eingefallenen Säulen und Pyramiden sieht,
nebst einigen Dornbüschen. An beiden Seiten stehen prakti-
kable hohe altägyptische Türen, welche mehr Seitengebäude
vorstellen.*

2 Trümmer.

Zweiter Auftritt

Tamino und Papageno werden vom Sprecher und dem andern Priester hereingeführt; sie lösen ihnen die Säcke ab; die Priester gehen dann ab.

TAMINO. Eine schreckliche Nacht! – Papageno, bist du noch bei mir?

PAPAGENO. I, freilich!

TAMINO. Wo denkst du, daß wir uns nun befinden?

PAPAGENO. Wo? Ja, wenn's nicht finster wäre, wollt' ich dir's schon sagen – aber so –
(Donnerschlag.)
O weh! –

TAMINO. Was ist's?

PAPAGENO. Mir wird nicht wohl bei der Sache!

TAMINO. Du hast Furcht, wie ich höre.

PAPAGENO. Furcht eben nicht, nur eiskalt läuft's mir über den Rücken.
(Starker Donnerschlag.)
O weh!

TAMINO. Was soll's?

PAPAGENO. Ich glaube, ich bekomme ein kleines Fieber.

TAMINO. Pfui, Papageno! Sei ein Mann!

PAPAGENO. Ich wollt', ich wär ein Mädchen!
(Ein sehr starker Donnerschlag.)
O! O! O! Das ist mein letzter Augenblick.

Dritter Auftritt

Sprecher und der andere Priester mit Fackeln, Vorige.

SPRECHER. Ihr Fremdlinge, was sucht oder fordert ihr von uns? Was treibt euch an, in unsre Mauern zu dringen?

TAMINO. Freundschaft und Liebe.

SPRECHER. Bist du bereit, es mit deinem Leben zu erkämpfen?

TAMINO. Ja!

SPRECHER. Auch wenn Tod dein Los wäre?

TAMINO. Ja!

SPRECHER. Prinz! Noch ist's Zeit zu weichen – einen Schritt weiter, und es ist zu spät. –

TAMINO. Weisheitslehre sei mein Sieg; Pamina, das holde Mädchen, mein Lohn.

SPRECHER. Du unterziehst jeder Prüfung dich?

TAMINO. Jeder!

SPRECHER. Reiche deine Hand mir! –

(Sie reichen sich die Hände.)

So!

ZWEITER PRIESTER. Ehe du weitersprichst, erlaube mir ein paar Worte mit diesem Fremdlinge zu sprechen. Willst auch du dir Weisheitsliebe erkämpfen?

PAPAGENO. Kämpfen ist meine Sache nicht. – Ich verlang auch im Grunde gar keine Weisheit. Ich bin so ein Naturmensch, der sich mit Schlaf, Speise und Trank begnügt; – und wenn es ja sein könnte, daß ich mir einmal ein schönes Weibchen fange.

ZWEITER PRIESTER. Die wirst du nie erhalten, wenn du dich nicht unsern Prüfungen unterziehst.

PAPAGENO. Worin besteht diese Prüfung? –

ZWEITER PRIESTER. Dich allen unsern Gesetzen unterwerfen, selbst den Tod nicht scheuen.

PAPAGENO. Ich bleibe ledig!

SPRECHER. Aber wenn du dir ein tugendhaftes, schönes Mädchen erwerben könntest?

PAPAGENO. Ich bleibe ledig!

ZWEITER PRIESTER. Wenn nun aber Sarastro dir ein Mädchen aufbewahrt hätte, das an Farbe und Kleidung dir ganz gleich wäre? –

PAPAGENO. Mir gleich! Ist sie jung?

ZWEITER PRIESTER. Jung und schön!

PAPAGENO. Und heißt?

ZWEITER PRIESTER. Papagena.

PAPAGENO. Wie? – Pa –?

ZWEITER PRIESTER. Papagena!

PAPAGENO. Papagena? Die möcht ich aus bloßer Neugierde sehen.

ZWEITER PRIESTER. Sehen kannst du sie! – –

PAPAGENO. Aber wenn ich sie gesehen habe, hernach muß ich sterben?

(Zweiter Priester macht eine zweideutige Pantomime.)

Ja? – Ich bleibe ledig!

ZWEITER PRIESTER. Sehen kannst du sie, aber bis zur verlaufenen Zeit kein Wort mit ihr sprechen; wird dein Geist so viel Standhaftigkeit besitzen, deine Zunge in Schranken zu halten?

PAPAGENO. O ja!

ZWEITER PRIESTER. Deine Hand! Du sollst sie sehen.

SPRECHER. Auch dir, Prinz, legen die Götter ein heilsames Stillschweigen auf; ohne dieses seid ihr beide verloren. – Du wirst Pamina sehen – aber nie sie sprechen dürfen; dies ist der Anfang eurer Prüfungszeit.

Nr. 11 Duett

ZWEITER PRIESTER, SPRECHER.

Bewahret euch vor Weibertücken,
Dies ist des Bundes erste Pflicht;
Manch weiser Mann ließ sich berücken,
Er fehlte und versah sich's nicht.
Verlassen sah er sich am Ende,
Vergolten seine Treu mit Hohn! –
Vergebens rang er seine Hände,
Tod und Verzweiflung war sein Lohn.

(Beide Priester ab.)

Vierter Auftritt

Tamino, Papageno.

PAPAGENO. He, Lichter her! Lichter her! – Das ist doch
wunderlich, so oft einen die Herren verlassen, so sieht
man mit offenen Augen nichts.

TAMINO. Ertrag es mit Geduld, und denke, es ist der Götter
Wille.

Fünfter Auftritt

Die drei Damen aus der Versenkung, Vorige.

Nr. 12   Quintett

DIE DREI DAMEN. Wie? Wie? Wie?
 Ihr an diesem Schreckensort?
 Nie! nie! nie!
 Kommt ihr glücklich wieder fort!
 Tamino! dir ist Tod geschworen!
 Du, Papageno! bist verloren!
PAPAGENO. Nein, nein, nein, das wär zuviel.
TAMINO. Papageno, schweige still!
 Willst du dein Gelübde brechen,
 Nichts mit Weibern hier zu sprechen?
PAPAGENO. Du hörst ja, wir sind beide hin!
TAMINO. Stille, sag ich – schweige still!
PAPAGENO. Immer still und immer still!
DIE DREI DAMEN. Ganz nah ist euch die Königin,
 Sie drang in Tempel heimlich ein! –
PAPAGENO. Wie? was? sie soll im Tempel sein?
TAMINO. Stille, sag ich – schweige still! –
 Wirst du immer so vermessen
 Deiner Eidespflicht vergessen? –
DIE DREI DAMEN. Tamino, hör! du bist verloren!
 Gedenke an die Königin!

Man zischelt viel sich in die Ohren
Von dieser Priester falschem Sinn!

TAMINO *(für sich).* Ein Weiser prüft und achtet nicht,
Was der gemeine Pöbel spricht.

DIE DREI DAMEN. Man sagt, wer ihrem Bunde schwört,
Der fährt zur Höll mit Haut und Haar.

PAPAGENO. Das wär der Teufel! Unerhört!
Sag an, Tamino, ist das wahr?

TAMINO. Geschwätz, von Weibern nachgesagt,
Von Heuchlern aber ausgedacht.

PAPAGENO. Doch sagt es auch die Königin!

TAMINO. Sie ist ein Weib, hat Weibersinn!
Sei still, mein Wort sei dir genug,
Denk deiner Pflicht, und handle klug.

DIE DREI DAMEN *(zu Tamino).*
Warum bist du mit uns so spröde?
(Tamino deutet bescheiden, daß er nicht sprechen darf.)
Auch Papageno schweigt – so rede! –

PAPAGENO *(zu den Damen heimlich).*
Ich möchte gerne – woll ...

TAMINO. Still!

PAPAGENO. Ihr seht, daß ich nicht soll! – –

TAMINO. Still!
Daß du nicht kannst das Plaudern lassen,
Ist wahrlich eine Schand für dich!

PAPAGENO. Daß ich nicht kann das Plaudern lassen,
Ist wahrlich eine Schand für mich!

DIE DREI DAMEN. Wir müssen sie mit Scham verlassen,
Es plaudert keiner sicherlich!
Von festem Geiste ist ein Mann,
Er denket, was er sprechen kann!

TAMINO, PAPAGENO. Sie müssen uns mit Scham verlassen,
Es plaudert keiner sicherlich!
Vom festen Geiste ist ein Mann,
Er denket, was er sprechen kann!
(Die Damen wollen gehen; die Eingeweihten von innen.)

CHOR DER PRIESTER. Entweiht ist die heilige Schwelle!
   Hinab mit den Weibern zur Hölle!
   (Donner, Blitz und Schlag; zugleich zwei starke Donner.)
DIE DREI DAMEN. O weh! O weh! O weh!
   (Stürzen in die Versenkung.)
PAPAGENO *(fällt zu Boden)*. O weh! O weh! O weh!
   (Dann fängt der dreimalige Akkord an.)

Sechster Auftritt

Tamino, Papageno, Sprecher, zweiter Priester mit Fackeln.

SPRECHER. Heil dir, Jüngling! dein standhaft männliches
   Betragen hat gesiegt. Zwar hast du noch manch rauhen
   und gefährlichen Weg zu wandern, den du aber durch
   Hilfe der Götter glücklich endigen wirst. – Wir wollen
   also mit reinem Herzen unsere Wanderschaft weiter fort-
   setzen. –
   (Er gibt ihm den Sack um.)
   So! nun komm!
   (Ab.)
ZWEITER PRIESTER. Was seh ich! Freund, stehe auf! wie ist
   dir?
PAPAGENO. Ich lieg in einer Ohnmacht!
ZWEITER PRIESTER. Auf! Sammle dich und sei ein Mann!
PAPAGENO *(steht auf)*. Aber sagt mir nur, meine lieben
   Herren, warum muß ich denn alle diese Qualen und
   Schrecken empfinden? Wenn mir ja die Götter eine Papa-
   gena bestimmten, warum denn mit so viel Gefahren sie
   erringen?
ZWEITER PRIESTER. Diese neugierige Frage mag deine Ver-
   nunft dir beantworten. Komm! meine Pflicht heischt,
   dich weiterzuführen.
   (Er gibt ihm den Sack um.)
PAPAGENO. Bei so einer ewigen Wanderschaft möcht einem
   wohl die Liebe auf immer vergehen. *(Ab.)*

Siebenter Auftritt

*Das Theater verwandelt sich in einen angenehmen Garten;
Bäume, die nach Art eines Hufeisens gesetzt sind; in der
Mitte steht eine Laube von Blumen und Rosen, worin
Pamina schläft. Der Mond beleuchtet ihr Gesicht. Ganz vorn
steht eine Rasenbank.*

Monostatos kommt, setzt sich nach einer Pause.

MONOSTATOS. Ha, da find ich ja die spröde Schöne! – – Und
um so einer geringen Pflanze wegen wollte man meine
Fußsohlen behämmern? – Also bloß dem heutigen Tage
hab ich's zu verdanken, daß ich noch mit heiler Haut auf
die Erde trete. – – Hm! – Was war denn eigentlich mein
Verbrechen? – daß ich mich in eine Blume vergaffte, die
auf fremdem Boden versetzt war? – Und welcher Mensch,
wenn er auch von gelinderm Himmelsstrich daherwander-
te, würde bei so einem Anblick kalt und unempfindlich
bleiben? – Bei allen Sternen! das Mädchen wird noch um
meinen Verstand mich bringen. – Das Feuer, das in mir
glimmt, wird mich noch verzehren.
(Er sieht sich allenthalben um.)
Wenn ich wüßte – daß ich so ganz allein und unbelauscht
wäre – ich wagte es noch einmal.
(Er macht sich Wind mit beiden Händen.)
Es ist doch eine verdammte närrische Sache um die Liebe!
– Ein Küßchen, dächte ich, ließe sich entschuldigen. –

Nr. 13   Arie

*(Alles wird so piano gesungen und gespielt, als wenn die
Musik in weiter Entfernung wäre.)*

MONOSTATOS. Alles fühlt der Liebe Freuden,
Schnäbelt, tändelt, herzet, küßt –
Und ich soll die Liebe meiden,
Weil ein Schwarzer häßlich ist!
Ist mir denn kein Herz gegeben,

Bin ich nicht von Fleisch und Blut?
Immer ohne Weibchen leben
Wäre wahrlich Höllenglut.

Drum so will ich, weil ich lebe,
Schnäbeln, küssen, zärtlich sein!
Lieber guter Mond, vergebe,
Eine Weiße nahm mich ein!
Weiß ist schön – ich muß sie küssen.
Mond! verstecke dich dazu!
Sollt es dich zu sehr verdrießen,
O so mach die Augen zu!
(Er schleicht langsam und leise hin.)

Achter Auftritt

Vorige. Die Königin kommt unter Donner aus der mittleren Versenkung, und so, daß sie gerade vor Pamina zu stehen kommt.

KÖNIGIN. Zurücke!

PAMINA *(erwacht)*. Ihr Götter!

MONOSTATOS *(prallt zurück)*. O weh! – das ist – wo ich nicht irre, die Königin der Nacht.
(Steht ganz still.)

PAMINA. Mutter! Mutter! meine Mutter!
(Sie fällt ihr in die Arme.)

MONOSTATOS. Mutter? hm! das muß man von weitem belauschen.
(Schleicht ab.)

KÖNIGIN. Verdank es der Gewalt, mit der man dich mir entriß, daß ich noch deine Mutter mich nenne. – Wo ist der Jüngling, den ich an dich sandte?

PAMINA. Ach Mutter, der ist der Welt und den Menschen auf ewig entzogen. Er hat sich den Eingeweihten gewidmet.

KÖNIGIN. Den Eingeweihten? – Unglückliche Tochter, nun bist du auf ewig mir entrissen. –

PAMINA. Entrissen? – O fliehen wir, liebe Mutter! Unter deinem Schutz trotz ich jeder Gefahr.

KÖNIGIN. Schutz? Liebes Kind, deine Mutter kann dich nicht mehr schützen. Mit deines Vaters Tod ging meine Macht zu Grabe.

PAMINA. Mein Vater –

KÖNIGIN. Übergab freiwillig den siebenfachen Sonnenkreis den Eingeweihten; diesen mächtigen Sonnenkreis trägt Sarastro auf seiner Brust. – Als ich ihn darüber beredete, so sprach er mit gefalteter Stirne: »Weib! meine letzte Stunde ist da – alle Schätze, so ich allein besaß, sind dein und deiner Tochter.« – »Der alles verzehrende Sonnenkreis«, fiel ich ihm hastig in die Rede – »ist den Geweihten bestimmt«, antwortete er: » – Sarastro wird ihn so männlich verwalten, wie ich bisher. – Und nun kein Wort weiter; forsche nicht nach Wesen, die dem weiblichen Geiste unbegreiflich sind. – Deine Pflicht ist, dich und deine Tochter der Führung weiser Männer zu überlassen.«

PAMINA. Liebe Mutter, nach allem dem zu schließen, ist wohl auch der Jüngling auf immer für mich verloren.

KÖNIGIN. Verloren, wenn du nicht, eh die Sonne die Erde färbt, ihn durch diese unterirdische Gewölber zu fliehen beredest. – Der erste Schimmer des Tages entscheidet, ob er ganz dir oder den Eingeweihten gegeben sei.

PAMINA. Liebe Mutter, dürft ich den Jüngling als Eingeweihten denn nicht auch ebenso zärtlich lieben, wie ich ihn jetzt liebe? – Mein Vater selbst war ja mit diesen weisen Männern verbunden; er sprach jederzeit mit Entzücken von ihnen, preiste ihre Güte – ihren Verstand – ihre Tugend. Sarastro ist nicht weniger tugendhaft. – –

KÖNIGIN. Was hör ich! – Du, meine Tochter, könntest die schändlichen Gründe dieser Barbaren verteidigen? – So einen Mann lieben, der, mit meinem Todfeinde verbun-

den, mit jedem Augenblick mir meinen Sturz bereiten
würde? – Siehst du hier diesen Stahl? – Er ist für Sarastro
geschliffen. – Du wirst ihn töten, und den mächtigen
Sonnenkreis mir überliefern.

PAMINA. Aber liebste Mutter! –

KÖNIGIN. Kein Wort!

Nr. 14 Arie

KÖNIGIN DER NACHT.
Der Hölle Rache kocht in meinem Herzen,
Tod und Verzweiflung flammet um mich her!
Fühlt nicht durch dich Sarastro Todesschmerzen,
So bist du meine Tochter nimmermehr:
Verstoßen sei auf ewig, verlassen sei auf ewig,
Zertrümmert sei'n auf ewig alle Bande der Natur,
Wenn nicht durch dich Sarastro wird erblassen! –
Hört, Rachegötter – – hört! der Mutter Schwur! –
(Sie versinkt.)

Neunter Auftritt

Pamina mit dem Dolch in der Hand.

PAMINA. Morden soll ich? – Götter! das kann ich nicht! –
Das kann ich nicht!
(Steht in Gedanken.)

Zehnter Auftritt

Vorige, Monostatos.

MONOSTATOS *(kommt schnell, heimlich und sehr freudig).*
Sarastros Sonnenkreis hat also auch seine Wirkung? –
Und diesen zu erhalten, soll das schöne Mädchen ihn
morden? – Das ist Salz in meine Suppe!

PAMINA. Aber schwur sie nicht bei allen Göttern, mich zu

verstoßen, wenn ich den Dolch nicht gegen Sarastro kehre? – Götter! – Was soll ich tun?

MONOSTATOS. Dich mir anvertrauen!

(Nimmt ihr den Dolch.)

PAMINA *(erschrickt und schreit).* Ha!

MONOSTATOS. Warum zitterst du? Vor meiner schwarzen Farbe, oder vor dem ausgedachten Mord?

PAMINA *(schüchtern).* Du weißt also? –

MONOSTATOS. Alles. – Ich weiß sogar, daß nicht nur dein, sondern auch deiner Mutter Leben in meiner Hand steht. – Ein einziges Wort sprech ich zu Sarastro, und deine Mutter wird in diesem Gewölbe, in eben dem Wasser, das die Eingeweihten reinigen soll, wie man sagt, ersäuft. – Aus diesem Gewölbe kommt sie nun sicher nicht mehr mit heiler Haut, wenn ich es will. – Du hast also nur einen Weg, dich und deine Mutter zu retten.

PAMINA. Der wäre?

MONOSTATOS. Mich zu lieben.

PAMINA *(zitternd für sich).* Götter!

MONOSTATOS *(freudig).* Das junge Bäumchen jagt der Sturm auf meine Seite. – Nun, Mädchen! – Ja, oder nein!

PAMINA *(entschlossen).* Nein.

MONOSTATOS *(voll Zorn).* Nein? Und warum? weil ich die Farbe eines schwarzen Gespensts trage? – Nicht? – Ha, so stirb!

(Ergreift sie bei der Hand.)

PAMINA. Monostatos, sieh mich hier auf meinen Knien – schone meiner!

MONOSTATOS. Liebe oder Tod! – Sprich! dein Leben steht auf der Spitze.

PAMINA. Mein Herz hab ich dem Jüngling geopfert.

MONOSTATOS. Was kümmert mich dein Opfer. – Sprich! –

PAMINA *(entschlossen).* Nie!

Elfter Auftritt

Vorige, Sarastro.

MONOSTATOS. So fahr denn hin!
(Sarastro hält ihn schnell ab.)
Herr, mein Unternehmen ist nicht strafbar; man hat
deinen Tod geschworen, darum wollt ich dich rächen.

SARASTRO. Ich weiß nur allzuviel. – Weiß, daß deine Seele
ebenso schwarz als dein Gesicht ist. – – Auch würde ich
dies schwarze Unternehmen mit höchster Strenge an dir
bestrafen, wenn nicht ein böses Weib, das zwar eine sehr
gute Tochter hat, den Dolch dazu geschmiedet hätte. –
Verdank es der bösen Handlung des Weibes, daß du
ungestraft davonziehst. – Geh! –

MONOSTATOS *(im Abgehen)*. Jetzt such ich die Mutter auf,
weil die Tochter mir die nicht beschieden ist.
(Ab.)

Zwölfter Auftritt

Vorige, ohne Monostatos.

PAMINA. Herr, strafe meine Mutter nicht! Der Schmerz über
meine Abwesenheit –

SARASTRO. Ich weiß alles. – Weiß, daß sie in unterirdischen
Gemächern des Tempels herumirrt, und Rache über mich
und die Menschheit kocht; – allein, du sollst sehen, wie
ich mich an deiner Mutter räche. – Der Himmel schenke
nur dem holden Jüngling Mut und Standhaftigkeit in
seinem frommen Vorsatz, dann bist du mit ihm glücklich,
und deine Mutter soll beschämt nach ihrer Burg zurücke
kehren.

Nr. 15 Arie

SARASTRO. In diesen heilgen Hallen
  Kennt man die Rache nicht!
  Und ist ein Mensch gefallen,
  Führt Liebe ihn zur Pflicht.
  Dann wandelt er an Freundes Hand
  Vergnügt und froh ins beßre Land.

  In diesen heilgen Mauern,
  Wo Mensch den Menschen liebt –
  Kann kein Verräter lauern,
  Weil man dem Feind vergibt.
  Wen solche Lehren nicht erfreun,
  Verdienet nicht, ein Mensch zu sein.
  (Beide gehen ab.)

Dreizehnter Auftritt

Das Theater verwandelt sich in eine Halle, wo das Flugwerk gehen kann. Das Flugwerk ist mit Rosen und Blumen umgeben, wo sich sodann eine Tür öffnet.

Tamino und Papageno werden ohne Säcke von den zwei Priestern hereingeführt. Ganz vorne sind zwei Rasenbänke.

SPRECHER. Hier seid ihr euch beide allein überlassen. –
  Sobald die röchelnde Posaune tönt, dann nehmt ihr euren
  Weg dahin. – Prinz, lebt wohl! Wir sehen uns, eh ihr ganz
  am Ziele seid. – – Noch einmal, vergeßt das Wort nicht:
  Schweigen.
  (Ab.)
ZWEITER PRIESTER. Papageno, wer an diesem Ort sein Still-
  schweigen bricht, den strafen die Götter durch Donner
  und Blitz. Leb wohl!
  (Ab.)

Vierzehnter Auftritt

Tamino, Papageno.

(Tamino setzt sich auf eine Rasenbank.)

PAPAGENO *(nach einer Pause)*. Tamino!

TAMINO *(verweisend)*. St!

PAPAGENO. Das ist ein lustiges Leben! – Wär ich lieber in meiner Strohhütte, oder im Walde, so hört' ich doch manchmal einen Vogel pfeifen.

TAMINO *(verweisend)*. St!

PAPAGENO. Mit mir selbst werd ich wohl sprechen dürfen; und auch wir zwei können zusammen sprechen, wir sind ja Männer.

TAMINO *(verweisend)*. St!

PAPAGENO *(singt)*. Lalala – lalala! – Nicht einmal einen Tropfen Wasser bekommt man bei diesen Leuten, viel weniger sonst was. –

Fünfzehnter Auftritt

Vorige. Ein altes häßliches Weib kommt aus der Versenkung, hält auf einer Tasse³ einen großen Becher mit Wasser.

PAPAGENO *(sieht sie lang an)*. Ist das für mich?

WEIB. Ja, mein Engel!

PAPAGENO *(sieht sie wieder an, trinkt)*. Nicht mehr und nicht weniger als Wasser. – Sag du mir, du unbekannte Schöne, werden alle fremde Gäste auf diese Art bewirtet?

WEIB. Freilich, mein Engel!

PAPAGENO. So, so! – Auf die Art werden die Fremden auch nicht gar zu häufig kommen. – –

WEIB. Sehr wenig.

PAPAGENO. Kann mir's denken. – Geh, Alte, setze dich her zu mir, mir ist die Zeit verdammt lange. – Sag du mir, wie alt bist du denn?

3 Schale, Tablett.

WEIB. Wie alt?

PAPAGENO. Ja!

WEIB. Achtzehn Jahr und zwei Minuten.

PAPAGENO. Achtzehn Jahr und zwei Minuten?

WEIB. Ja!

PAPAGENO. Ha ha ha! Ei du junger Engel! Hast du auch
  einen Geliebten?

WEIB. I' freilich!

PAPAGENO. Ist er auch so jung wie du?

WEIB. Nicht gar, er ist um zehn Jahre älter. –

PAPAGENO. Um zehn Jahr ist er älter als du? – Das muß eine
  Liebe sein! – – Wie nennt sich denn dein Liebhaber?

WEIB. Papageno!

PAPAGENO *(erschrickt, Pause)*. Papageno? – Wo ist er denn,
  dieser Papageno?

WEIB. Da sitzt er, mein Engel!

PAPAGENO. Ich wär dein Geliebter?

WEIB. Ja, mein Engel!

PAPAGENO *(nimmt schnell das Wasser, und spritzt sie ins
  Gesicht)*. Sag du mir, wie heißt du denn?

WEIB. Ich heiße –
  (Starker Donner, die Alte hinkt schnell ab.)

PAPAGENO. O weh!
  (Tamino steht auf, droht ihm mit dem Finger.)

PAPAGENO. Nun sprech ich kein Wort mehr!

Sechzehnter Auftritt

Die drei Knaben kommen in einem mit Rosen bedeckten
Flugwerk. In der Mitte steht ein schön gedeckter Tisch. Der
eine hat die Flöte, der andere das Kästchen mit Glöckchen.
Vorige.

Nr. 16   Terzett

DIE DREI KNABEN. Seid uns zum zweiten Mal willkommen,
Ihr Männer, in Sarastros Reich! –
Er schickt, was man euch abgenommen,
Die Flöte und die Glöckchen euch.
Wollt ihr die Speisen nicht verschmähen,
So esset, trinket froh davon! –
Wenn wir zum dritten Mal uns sehen,
Ist Freude eures Mutes Lohn!
Tamino, Mut! Nah ist das Ziel!
Du, Papageno! schweige still!
(Unter dem Terzett setzen sie den Tisch in die Mitte und
legen auf.)

Siebzehnter Auftritt

Tamino, Papageno.

PAPAGENO. Tamino, wollen wir nicht speisen? – –
(Tamino bläst auf seiner Flöte.)
Blase du nur fort auf deiner Flöte, ich will meine Brocken
blasen. – Herr Sarastro führt eine gute Küche. – Auf diese
Art, ja, da will ich schon schweigen, wenn ich immer
solche gute Bissen bekomme. Nun will ich sehen, ob auch
der Keller so gut bestellt ist. –
(Er trinkt.)
Ha! – Das ist Götterwein! –
(Die Flöte schweigt.)

Achtzehnter Auftritt

Pamina, Vorige.

PAMINA *(freudig)*. Du hier? – Gütige Götter! Dank euch,
daß ihr mich diesen Weg führtet. – Ich hörte deine Flöte –
und so lief ich pfeilschnell dem Tone nach. – Aber du
bist traurig? – Sprichst nicht eine Silbe mit deiner Pamina?

TAMINO *(seufzt)*. Ah!
(Winkt ihr, fortzugehen.)

PAMINA. Wie? ich soll dich meiden? liebst du mich nicht
mehr?

TAMINO *(seufzt)*. Ah!
(Winkt wieder fort.)

PAMINA. Ich soll fliehen, ohne zu wissen, warum? Tamino,
holder Jüngling! hab ich dich beleidigt? – O kränke mein
Herz nicht noch mehr. – Bei dir such ich Trost – Hilfe –
und du kannst mein liebevolles Herz noch mehr kränken?
– Liebst du mich nicht mehr?
(Tamino seufzt.)
Papageno, sage du mir, sag, was ist mit meinem Freund?
*(Papageno hat einen Brocken in dem Mund, hält mit
beiden Händen die Speisen zu, winkt fortzugehen.)*
Wie? auch du? Erkläre mir wenigstens die Ursache eures
Stillschweigens? – –

PAPAGENO. St!
(Er deutet ihr fortzugehen.)

PAMINA. Oh, das ist mehr als Kränkung – mehr als Tod!
(Pause.)
Liebster, einziger Tamino! –

Nr. 17   Arie

PAMINA. Ach, ich fühl's, es ist verschwunden!
Ewig hin der Liebe Glück! –
Nimmer kommt ihr Wonnestunden
Meinem Herzen mehr zurück!

Sieh, Tamino! diese Tränen
Fließen, Trauter, dir allein,
Fühlst du nicht der Liebe Sehnen –
So wird Ruh im Tode sein!
(Ab.)

Neunzehnter Auftritt

Tamino, Papageno.

PAPAGENO *(ißt hastig).* Nicht wahr, Tamino, ich kann auch
schweigen, wenn's sein muß. – Ja, bei so einem Unternehmen, da bin ich Mann. – *(Er trinkt.)* Der Herr Koch und
der Herr Kellermeister sollen leben. –
*(Dreimaliger Posaunenton. Tamino winkt Papageno, daß
er gehen soll.)*
Gehe du nur voraus, ich komm schon nach.
(Tamino will ihn mit Gewalt fortführen.)
Der Stärkere bleibt da!
*(Tamino droht ihm und geht rechts ab; ist aber links
gekommen.)*
Jetzt will ich mir's erst recht wohl sein lassen. – Da ich in
meinem besten Appetit bin, soll ich gehen. – Das laß ich
wohl bleiben! Ich ging' jetzt nicht fort, und wenn Herr
Sarastro seine sechs Löwen an mich spannte.
(Die Löwen kommen heraus, er erschrickt.)
O Barmherzigkeit, ihr gütigen Götter! Tamino, rette
mich! Die Herren Löwen machen eine Mahlzeit aus
mir. – –
*(Tamino bläst seine Flöte, kommt schnell zurück; die
Löwen gehen hinein, Tamino winkt ihm.)*
Ich gehe schon! heiß du mich einen Schelmen, wenn ich
dir nicht in allem folge.
(Dreimaliger Posaunenton.)
Das geht uns an. – Wir kommen schon. – Aber hör

einmal, Tamino, was wird denn noch alles mit uns
werden?
(Tamino deutet gen Himmel.)
Die Götter soll ich fragen?
(Tamino deutet ja.)
Ja, die könnten uns freilich mehr sagen, als wir wissen.
*(Dreimaliger Posaunenton. Tamino reißt ihn mit Gewalt
fort.)*
Eile nur nicht so, wir kommen noch immer zeitlich
genug, um uns braten zu lassen.
(Ab.)

Zwanzigster Auftritt

*Das Theater verwandelt sich in das Gewölbe von Pyra-
miden.*

Sarastro, Sprecher und einige Priester.

*Zwei Priester tragen eine beleuchtete Pyramide auf den
Schultern; jeder Priester hat eine transparente Pyramide, in
der Größe einer Laterne, in der Hand.*

Nr. 18   Chor der Priester

CHOR. O Isis, und Osiris, welche Wonne!
Die düstre Nacht verscheucht der Glanz der Sonne! –
Bald fühlt der edle Jüngling neues Leben,
Bald ist er unserm Dienste ganz gegeben.
Sein Geist ist kühn, sein Herz ist rein –
Bald wird er unsrer würdig sein.

Einundzwanzigster Auftritt

Tamino, der hereingeführt wird, Vorige, später Pamina.

SARASTRO. Prinz, dein Betragen war bis hieher männlich und
gelassen; nun hast du noch zwei gefährliche Wege zu
wandern. – Schlägt dein Herz noch ebenso warm für
Pamina – und wünschest du einst als ein weiser Fürst zu
regieren, so mögen die Götter dich ferner begleiten. – –
Deine Hand! – Man bringe Paminen!
*(Eine Stille herrscht bei allen Priestern, Pamina wird mit
eben diesem Sack, welcher die Eingeweihten bedeckt,
hereingeführt, Sarastro löst die Bande am Sacke auf.)*
PAMINA. Wo bin ich? – Welch eine fürchterliche Stille! –
Saget, wo ist mein Jüngling? –
SARASTRO. Er wartet deiner, um dir das letzte Lebewohl zu
sagen.
PAMINA. Das letzte Lebewohl! – O wo ist er? – Führt mich
zu ihm! –
SARASTRO. Hier. –
PAMINA. Tamino!
TAMINO. Zurück!

Nr. 19   Terzett

PAMINA. Soll ich dich, Teurer, nicht mehr sehn? –
SARASTRO. Ihr werdet froh euch wiedersehn! –
PAMINA. Dein warten tödliche Gefahren!
TAMINO. Die Götter mögen mich bewahren!
PAMINA. Dein warten tödliche Gefahren!
TAMINO, SARASTRO.
Die Götter mögen mich (ihn) bewahren!
PAMINA. Du wirst dem Tode nicht entgehen,
Mir flüstert dieses Ahndung ein!
TAMINO, SARASTRO. Der Götter Wille mag geschehen,
Ihr Wink soll mir (ihm) Gesetze sein!
PAMINA. O liebtest du, wie ich dich liebe,
Du würdest nicht so ruhig sein.

TAMINO, SARASTRO.
  Glaub mir, ich fühle (er fühlet) gleiche Triebe,
  Werd (Wird) ewig dein Getreuer sein.
SARASTRO. Die Stunde schlägt, nun müßt ihr scheiden!
TAMINO, PAMINA. Wie bitter sind der Trennung Leiden!
SARASTRO. Tamino muß nun wieder fort.
TAMINO. Pamina, ich muß wirklich fort!
PAMINA. Tamino muß nun wirklich fort!
SARASTRO. Nun muß er fort!
TAMINO. Nun muß ich fort!
PAMINA. So mußt du fort!
TAMINO. Pamina! lebe wohl!
PAMINA. Tamino! lebe wohl!
SARASTRO. Nun eile fort!
  Dich ruft dein Wort!
  Die Stunde schlägt! Wir sehn uns wieder!
TAMINO, PAMINA. O goldne Ruhe! kehre wieder!
  Lebe wohl! Lebe wohl!
SARASTRO. Wir sehn uns wieder.
  (Entfernen sich.)

Zweiundzwanzigster Auftritt

Papageno.

PAPAGENO *(von außen).* Tamino! Tamino! willst du mich
  denn gänzlich verlassen?
  (Er sucht herein.)
  Wenn ich nur wenigstens wüßte, wo ich wäre? – Tamino!
  – Tamino! – Solang ich lebe, bleib ich nicht mehr von dir –
  – nur diesmal verlaß mich armen Reisgefährten nicht!
  *(Er kommt an die Türe, wo Tamino abgeführt worden
  ist.)*
EINE STIMME *(ruft).* Zurück!
  *(Dann ein Donnerschlag; das Feuer schlägt zur Tür her-
  aus; starker Akkord.)*

PAPAGENO. Barmherzige Götter! – Wo wend ich mich hin?
Wenn ich nur wüßte, wo ich hereinkam.
(Er kommt an die Tür, wo er hereinkam.)
DIE STIMME. Zurück!
(Donner, Feuer und Akkord wie oben.)
PAPAGENO. Nun kann ich weder zurück, noch vorwärts. –
(Weint.)
Muß vielleicht am Ende gar verhungern. – Schon recht! –
Warum bin ich mitgereist.

Dreiundzwanzigster Auftritt

Sprecher mit seiner Pyramide, Papageno.

SPRECHER. Mensch! du hättest verdient, auf immer in
finstern Klüften der Erde zu wandern; – die gütigen
Götter aber entlassen der Strafe dich. – Dafür aber wirst
du das himmlische Vergnügen der Eingeweihten nie
fühlen.
PAPAGENO. Je nun, es gibt ja noch mehr Leute meinesglei-
chen. – Mir wäre jetzt ein gut Glas Wein das größte
Vergnügen.
SPRECHER. Sonst hast du keinen Wunsch in dieser Welt?
PAPAGENO. Bis jetzt nicht.
SPRECHER. Man wird dich damit bedienen. –
*(Ab. Sogleich kommt ein großer Becher, mit rotem Wein
angefüllt, aus der Erde.)*
PAPAGENO. Juchhe! Da ist er ja schon! –
(Trinkt.)
Herrlich! – Himmlisch! – Göttlich! – Ha! ich bin jetzt so
vergnügt, daß ich bis zur Sonne fliegen wollte, wenn ich
Flügel hätte. – Ha! – mir wird ganz wunderlich ums
Herz! – Ich möchte – ich wünschte – ja, was denn?

Nr. 20 Arie

PAPAGENO *(schlägt das Glockenspiel).*
Ein Mädchen oder Weibchen
Wünscht Papageno sich!
O so ein sanftes Täubchen
Wär Seligkeit für mich!
Dann schmeckte mir Trinken und Essen,
Dann könnt ich mit Fürsten mich messen,
Des Lebens als Weiser mich freun,
Und wie im Elysium sein.

Ein Mädchen oder Weibchen
Wünscht Papageno sich!
O so ein sanftes Täubchen
Wär Seligkeit für mich!
Ach, kann ich denn keiner von allen
Den reizenden Mädchen gefallen?
Helf eine mir nur aus der Not,
Sonst gräm ich mich wahrlich zu Tod.

Ein Mädchen oder Weibchen
Wünscht Papageno sich!
O so ein sanftes Täubchen
Wär Seligkeit für mich!
Wird keine mir Liebe gewähren,
So muß mich die Flamme verzehren!
Doch küßt mich ein weiblicher Mund –
So bin ich schon wieder gesund.

Vierundzwanzigster Auftritt

*Die Alte, tanzend und auf ihren Stock dabei sich stützend,
Papageno.*

WEIB. Da bin ich schon, mein Engel!
PAPAGENO. Du hast dich meiner erbarmt?

WEIB. Ja, mein Engel!

PAPAGENO. Das ist mein Glück!

WEIB. Und wenn du mir versprichst, mir ewig treu zu bleiben, dann sollst du sehen, wie zärtlich dein Weibchen dich lieben wird.

PAPAGENO. Ei du zärtliches Närrchen!

WEIB. O wie will ich dich umarmen, dich liebkosen, dich an mein Herz drücken!

PAPAGENO. Auch ans Herz drücken?

WEIB. Komm, reiche mir zum Pfand unsers Bundes deine Hand.

PAPAGENO. Nur nicht so hastig, lieber Engel! – So ein Bündnis braucht doch auch seine Überlegung.

WEIB. Papageno, ich rate dir, zaudre nicht. – Deine Hand, oder du bist auf immer hier eingekerkert.

PAPAGENO. Eingekerkert?

WEIB. Wasser und Brot wird deine tägliche Kost sein. – Ohne Freund, ohne Freundin mußt du leben, und der Welt auf immer entsagen. –

PAPAGENO. Wasser trinken? – Der Welt entsagen? – Nein, da will ich doch lieber eine Alte nehmen, als gar keine. – Nun, da hast du meine Hand, mit der Versicherung, daß ich dir immer getreu bleibe, *(für sich)* solang ich keine Schönere sehe.

WEIB. Das schwörst du?

PAPAGENO. Ja, das schwör ich!

(Weib verwandelt sich in ein junges Weib, welches ebenso gekleidet ist wie Papageno.)

Pa – Pa – Papagena! –

(Er will sie umarmen.)

Fünfundzwanzigster Auftritt

Sprecher, Vorige.

SPRECHER *(nimmt sie hastig bei der Hand).* Fort mit dir,
junges Weib! Er ist deiner noch nicht würdig.
(Er schleppt sie hinein, Papageno will nach.)
Zurück, sag ich, oder zittre! –
PAPAGENO. Eh ich mich zurückziehe, soll die Erde mich
verschlingen. *(Er sinkt hinab.)*
O ihr Götter!

Sechsundzwanzigster Auftritt

Das Theater verwandelt sich in einen kurzen Garten.

Die drei Knaben fahren herunter.

Nr. 21 Finale

DIE DREI KNABEN. Bald prangt, den Morgen zu verkünden,
Die Sonn auf goldner Bahn –
Bald soll der Aberglaube schwinden,
Bald siegt der weise Mann! –
O holde Ruhe, steig hernieder,
Kehr in der Menschen Herzen wieder.
Dann ist die Erd ein Himmelreich
Und Sterbliche den Göttern gleich.
ERSTER KNABE. Doch seht, Verzweiflung quält Paminen! –
ZWEITER UND DRITTER KNABE. Wo ist sie denn?
ERSTER KNABE. Sie ist von Sinnen!
DIE DREI KNABEN. Sie quält verschmähter Liebe Leiden,
Laßt uns der Armen Trost bereiten! –
Fürwahr, ihr Schicksal geht uns nah!
O wäre nur ihr Jüngling da! –
Sie kommt! Laßt uns beiseite gehn,
Damit wir, was sie mache, sehn.
(Gehen beiseite.)

Siebenundzwanzigster Auftritt

Pamina, Vorige.

PAMINA *(halb wahnwitzig, mit einem Dolch).*
  Du also bist mein Bräutigam –
  Durch dich vollend ich meinen Gram! –
DIE DREI KNABEN *(beiseite).*
  Welch dunkle Worte sprach sie da! –
  Die Arme ist dem Wahnsinn nah! –
PAMINA. Geduld! mein Trauter, ich bin dein –
  Bald werden wir vermählet sein! –
DIE DREI KNABEN *(beiseite).* Wahnsinn tobt ihr im Gehirne –
  Selbstmord steht auf ihrer Stirne! –
  (Zu Pamina.) Holdes Mädchen, sieh uns an!
PAMINA. Sterben will ich – weil der Mann,
  Den ich nimmermehr kann hassen,
  Seine Traute kann verlassen! –
  (Auf den Dolch zeigend.)
  Dies gab meine Mutter mir – –
DIE DREI KNABEN. Selbstmord strafet Gott an dir! –
PAMINA. Lieber durch dies Eisen sterben,
  Als durch Liebesgram verderben. –
  Mutter, durch dich leide ich,
  Und dein Fluch verfolget mich! –
DIE DREI KNABEN. Mädchen! willst du mit uns gehn?
PAMINA. Ja, des Jammers Maß ist voll!
  Falscher Jüngling, lebe wohl!
  Sieh, Pamina stirbt durch dich!
  Dieses Eisen töte mich! –
  (Will sich erstechen.)
DIE DREI KNABEN *(halten ihr den Arm).*
  Ha, Unglückliche! halt ein!
  Sollte dies dein Jüngling sehen,
  Würde er für Gram vergehen,
  Denn er liebet dich allein. –

PAMINA *(erholt sich).* Was? er fühlte Gegenliebe?
  Und verbarg mir seine Triebe –
  Wandte sein Gesicht von mir?
  Warum sprach er nicht mit mir? –
DIE DREI KNABEN. Dieses müssen wir verschweigen,
  Doch wir wollen dir ihn zeigen,
  Und du wirst mit Staunen sehn,
  Daß er dir sein Herz geweiht,
  Und den Tod für dich nicht scheut!
PAMINA. Führt mich hin, ich möcht ihn sehn.
DIE DREI KNABEN. Komm, wir wollen zu ihm gehn.
ALLE. Zwei Herzen, die von Liebe brennen,
  Kann Menschenohnmacht niemals trennen –
  Verloren ist der Feinde Müh,
  Die Götter selbsten schützen sie.
  (Sie gehen ab.)

Achtundzwanzigster Auftritt

Das Theater verwandelt sich in zwei große Berge; in dem einen ist ein Wasserfall, worin man Sausen und Brausen hört; der andre speit Feuer aus; jeder Berg hat ein durchbrochenes Gegitter, worin man Feuer und Wasser sieht; da, wo das Feuer brennt, muß der Horizont hellrot sein, und wo das Wasser ist, liegt schwarzer Nebel. Die Szenen sind Felsen, jede Szene schließt sich mit einer eisernen Tür.

Tamino ist leicht angezogen, ohne Sandalen. Zwei schwarz geharnischte Männer führen Tamino herein. Auf ihren Helmen brennt Feuer. Sie lesen ihm die transparente Schrift vor, welche auf einer Pyramide geschrieben steht. Diese Pyramide steht in der Mitte ganz in der Höhe nahe am Gegitter.

ERSTER UND ZWEITER GEHARNISCHTER MANN.
  Der, welcher wandert diese Straße voll Beschwerden,
  Wird rein durch Feuer, Wasser, Luft und Erden.

Wenn er des Todes Schrecken überwinden kann,
Schwingt er sich aus der Erde himmelan!
Erleuchtet wird er dann im Stande sein,
Sich den Mysterien der Isis ganz zu weihn. –
TAMINO. Mich schreckt kein Tod, als Mann zu handeln,
Den Weg der Tugend fortzuwandeln!
Schließt mir des Schreckens Pforten auf –
Ich wage froh den kühnen Lauf. –
(Will gehen.)
PAMINA *(von innen)*. Tamino, halt! Ich muß dich sehn!
TAMINO. Was hör ich? Paminens Stimme? –
ERSTER UND ZWEITER GEHARNISCHTER MANN.
Ja ja, das ist Paminens Stimme!
TAMINO, ERSTER UND ZWEITER GEHARNISCHTER MANN.
Wohl mir (dir), nun kann sie mit mir (dir) gehn!
Nun trennet uns (euch) kein Schicksal mehr,
Wenn auch der Tod beschieden wär!
TAMINO. Ist mir erlaubt mit ihr zu sprechen?
ERSTER UND ZWEITER GEHARNISCHTER MANN.
Es ist erlaubt, mit ihr zu sprechen!
TAMINO, ERSTER UND ZWEITER GEHARNISCHTER MANN.
Welch Glück, wenn wir uns (euch) wiedersehn.
Froh Hand in Hand im Tempel gehn.
Ein Weib, das Nacht und Tod nicht scheut,
Ist würdig, und wird eingeweiht.
*(Die Tür wird aufgemacht, Tamino und Pamina umar-
men sich.)*
PAMINA. Tamino mein! O welch ein Glück!
TAMINO. Pamina mein! O welch ein Glück!
Hier sind die Schreckenspforten,
Die Not und Tod mir dräun.
PAMINA. Ich werde aller Orten
An deiner Seite sein. –
Ich selbsten führe dich –
Die Liebe leite mich!
(Sie nimmt ihn bei der Hand.)

Sie mag den Weg mit Rosen streun,
Weil Rosen stets bei Dornen sein.
Spiel du die Zauberflöte an,
Sie schütze uns auf unsrer Bahn.
Es schnitt in einer Zauberstunde
Mein Vater sie aus tiefstem Grunde
Der tausendjährgen Eiche aus
Bei Blitz und Donner – Sturm und Braus. –
Nun komm und spiel die Flöte an!
Sie leite uns auf grauser Bahn.

PAMINA, TAMINO. Wir wandeln durch des Tones Macht
Froh durch des Todes düstre Nacht.

ERSTER UND ZWEITER GEHARNISCHTER MANN.
Ihr wandelt durch des Tones Macht
Froh durch des Todes düstre Nacht.

*(Die Türen werden nach ihnen zugeschlagen; man sieht
Tamino und Pamina wandern; man hört Feuergeprassel
und Windesgeheul, manchmal auch den Ton dumpfen
Donners, und Wassergeräusch. Tamino bläst seine Flöte.
Sobald sie vom Feuer herauskommen, umarmen sie sich,
und bleiben in der Mitte.)*

PAMINA, TAMINO. Wir wandelten durch Feuergluten,
Bekämpften mutig die Gefahr.
Dein Ton sei Schutz in Wasserfluten,
So wie er es im Feuer war.

*(Tamino bläst; man sieht sie hinuntersteigen und nach
einiger Zeit wieder heraufkommen; sogleich öffnet sich
eine Türe; man sieht einen Eingang in einen Tempel,
welcher hell beleuchtet ist. Eine feierliche Stille. Dieser
Anblick muß den vollkommensten Glanz darstellen. Sogleich fällt der Chor unter Trompeten und Pauken ein.
Zuvor aber:)*

PAMINA, TAMINO. Ihr Götter, welch ein Augenblick!
Gewähret ist uns Isis' Glück! –

CHOR. Triumph, Triumph, du edles Paar!
Besiegt hast du die Gefahr!

Der Isis Weihe ist nun dein!
Kommt! tretet in den Tempel ein!
(Alle ab.)

Das Theater verwandelt sich wieder in den vorigen Garten.

Neunundzwanzigster Auftritt

Papageno; später die drei Knaben, Papagena.

PAPAGENO *(pfeift).* Papagena! Papagena! Papagena!
Weibchen! Täubchen! Meine Schöne!
Vergebens! Ach! sie ist verloren!
Ich bin zum Unglück schon geboren.
Ich plauderte, und das war schlecht,
Und drum geschieht es mir schon recht!
Seit ich gekostet diesen Wein –
Seit ich das schöne Weibchen sah,
So brennt's im Herzenskämmerlein,
So zwicket's hier, so zwicket's da!
Papagena! Herzensweibchen!
Papagena, liebes Täubchen!
's ist umsonst! Es ist vergebens!
Müde bin ich meines Lebens!
Sterben macht der Lieb ein End,
Wenn's im Herzen noch so brennt.
(Er nimmt einen Strick von seiner Mitte.)
Diesen Baum da will ich zieren,
Mir an ihm den Hals zuschnüren,
Weil das Leben mir mißfällt;
Gute Nacht, du schwarze Welt!
Weil du böse an mir handelst,
Mir kein schönes Kind zubandelst,
So ist's aus, so sterbe ich.

Schöne Mädchen, denkt an mich!
Will sich eine um mich Armen,
Eh ich hänge, noch erbarmen,
Wohl, so laß ich's diesmal sein!
Rufet nur, ja oder nein!
Keine hört mich! Alles stille!
(Sieht sich um.)
Also ist es euer Wille!
Papageno, frisch hinauf,
Ende deinen Lebenslauf.
(Sieht sich um.)
Nun! ich warte noch! es sei,
Bis man zählet: eins, zwei, drei!
(Pfeift.)
Eins!
(Sieht sich um, pfeift.)
Zwei!
(Sieht sich um, pfeift.)
Drei!
(Sieht sich um.)
Nun, wohlan! es bleibt dabei!
Weil mich nichts zurücke hält,
Gute Nacht, du falsche Welt!
(Will sich hängen.)

DIE DREI KNABEN *(fahren herunter).*
Halt ein! o Papageno, und sei klug!
Man lebt nur einmal, dies sei dir genug!

PAPAGENO. Ihr habt gut reden, habt gut zu scherzen;
Doch brennt' es euch wie mich im Herzen,
Ihr würdet auch nach Mädchen gehn.

DIE DREI KNABEN. So lasse deine Glöckchen klingen,
Dies wird dein Weibchen zu dir bringen.

PAPAGENO. Ich Narr vergaß der Zauberdinge! –
(Nimmt sein Instrument heraus.)
Erklinge, Glockenspiel, erklinge,
Ich muß mein liebes Mädchen sehn!

*(Die drei Knaben laufen zu ihrem Flugwerk und bringen
das Weib heraus.)*
Klinget, Glöckchen, klinget,
Schafft mein Mädchen her! –
Klinget, Glöckchen, klinget!
Bringt mein Weibchen her!
DIE DREI KNABEN *(fahren auf).*
Nun, Papageno, sieh dich um!
*(Papageno sieht sich um; beide haben unter dem Ritornell
komisches Spiel.)*
PAPAGENO. Pa–Pa–Pa–Pa–Pa–Pa–Papagena!
PAPAGENA. Pa–Pa–Pa–Pa–Pa–Pa–Papageno!
PAPAGENO. Bist du mir nun ganz gegeben? –
PAPAGENA. Nun bin ich dir ganz gegeben.
PAPAGENO. Nun so sei mein liebes Weibchen!
PAPAGENA. Nun so sei mein Herzenstäubchen!
BEIDE. Welche Freude wird das sein,
Wenn die Götter uns bedenken,
Unsrer Liebe Kinder schenken,
So liebe kleine Kinderlein!
PAPAGENO. Erst einen kleinen Papageno!
PAPAGENA. Dann eine kleine Papagena!
PAPAGENO. Dann wieder einen Papageno!
PAPAGENA. Dann wieder eine Papagena!
BEIDE. Papagena! Papageno! Papagena!
Es ist das höchste der Gefühle,
Wenn viele, viele, viele, viele
Pa–Pa–Pa–Pa–geno,
Pa–Pa–Pa–Pa–gena
Der Eltern Segen werden sein.
(Beide ab.)

Dreißigster Auftritt

Der Mohr, die Königin mit allen ihren Damen kommen von beiden Versenkungen; sie tragen schwarze Fackeln in der Hand.

MONOSTATOS. Nur stille! stille! stille! stille!
  Bald dringen wir in Tempel ein!
KÖNIGIN DER NACHT, DIE DREI DAMEN.
  Nur stille, stille, stille, stille!
  Bald dringen wir in Tempel ein!
MONOSTATOS. Doch Fürstin! halte Wort! erfülle!
  Dein Kind muß meine Gattin sein!
KÖNIGIN DER NACHT. Ich halte Wort! es ist mein Wille,
  Mein Kind soll deine Gattin sein!
DIE DREI DAMEN. Ihr Kind soll deine Gattin sein!
  (Man hört dumpfen Donner und Wassergeräusch.)
MONOSTATOS. Doch still, ich höre schrecklich Rauschen
  Wie Donnerton, und Wasserfall.
KÖNIGIN DER NACHT, DIE DREI DAMEN.
  Ja, fürchterlich ist dieses Rauschen,
  Wie fernen Donners Widerhall!
MONOSTATOS. Nun sind sie in des Tempels Hallen.
ALLE. Dort wollen wir sie überfallen,
  Die Frömmler tilgen von der Erd
  Mit Feuersglut und mächtgem Schwert!
DIE DREI DAMEN, MONOSTATOS *(kniend)*.
  Dir, große Königin der Nacht,
  Sei unsrer Rache Opfer gebracht!
  (Donner, Blitz, Sturm.)
ALLE. Zerschmettert, zernichtet ist unsere Macht,
  Wir alle gestürzet in ewige Nacht! –
  (Sie versinken.)
  (Sogleich verwandelt sich das ganze Theater in eine Sonne. Sarastro steht erhöht; Tamino, Pamina, beide in priesterlicher Kleidung. Neben ihnen die ägyptischen Priester auf beiden Seiten. Die drei Knaben halten Blumen.)

Rezitativ

SARASTRO. Die Strahlen der Sonne vertreiben die Nacht,
  Zernichten der Heuchler erschlichene Macht!
CHOR. Heil sei euch Geweihten!
  Ihr dranget durch Nacht!
  Dank sei dir, Osiris,
  Dank dir, Isis, gebracht!
  Es siegte die Stärke
  Und krönet zum Lohn
  Die Schönheit und Weisheit
  Mit ewiger Kron!

Ende der Oper

Zur Textgestalt

Dem Text der vorliegenden Ausgabe liegt der Erstdruck des Textbuches zugrunde:

> Die Zauberflöte. Eine große Oper in zwey Aufzügen. Von Emanuel Schikaneder. Die Musik ist von Herrn Wolfgang Amade Mozart, Kapellmeister, und wirklichem k. k. Kammer-Compositeur. Wien, gedruckt bey Ignaz Alberti, 1791.

Die Musiknummern folgen Mozarts autographer Partitur, wo diese vom Textbuch abweicht. Eine methodisch einwandfreie textkritische Wiedergabe wäre bei der gegebenen Überlieferungslage nur in der Form eines Paralleldrucks von Partiturtext und Textbuch zu erreichen gewesen. Mit Blick auf den Zweck unserer Ausgabe, die dem Theaterbesucher zur Hand sein soll, ist daher dieses Mischverfahren gewählt worden. Bei den Abweichungen vom Textbuch handelt es sich teils um Kürzungen, teils um Erweiterungen. Die – vergleichsweise wenigen – Regieanweisungen faßt Mozart kürzer und präziser als Schikaneder. Kompositorisch bedingte Wiederholungen desselben Textes werden nicht abgedruckt.

Orthographie und Interpunktion sind behutsam modernisiert worden, bei Wahrung des Lautstandes und sprachlich-stilistischer Eigenheiten. Apostrophe sind nur gesetzt, wo sie für das Verständnis hilfreich erscheinen.

Nachwort

1

Traditionen des Stegreiftheaters, der großen italienischen
Oper und des deutschen Singspiels sind in der *Zauberflöte*
zu einer einzigartigen Einheit verschmolzen. Märchenhafte
Motive aus Zauberstücken verbinden sich mit philanthropi-
schem Gedankengut der Freimaurer, höchste Sittlichkeit
und naturhafte Sinnlichkeit verschlingen sich, nicht ohne
Ironie, unauflösbar ineinander. Aktion und Kontemplation
halten sich die Waage, feierliche Symbolik und lockeres
Spektakel bilden eine Balance, die so leicht erscheint, wie sie
schwer zu erreichen ist. Unwiederholbar das alles, wie die
zahlreichen gescheiterten Versuche zeigen, den Erfolg der
Zauberflöte mit ähnlichen Sujets zu erneuern.

Zwei ganz Große des Theaters haben im Zenit ihres
Könnens tiefe Genialität und handwerkliche Perfektion zu
einem Werk verbunden, das seit seiner Uraufführung zwei
Jahrhunderte hindurch zum lebendigsten Kern des Opern-
repertoires gehört. Die unveränderte Wirkung auf ein immer anderes Publikum bezeugt: In der *Zauberflöte* haben
elementare Situationen und Konfigurationen von immer-
währender Aktualität so deutliche künstlerische Gestalt ge-
wonnen, daß sich darin Konstanten menschlichen Daseins
spiegeln – und jenseits von zeitlichen Bedingtheiten auch
künftig noch lange spiegeln werden.

2

Ohne Zweifel: »Ein Werk ist ein Ganzes, und auch zweier
Menschen Werk kann ein Ganzes werden.« Man ist geneigt,
dieses Wort Hugo von Hofmannsthals über den *Rosenkavalier* auch auf die Zusammenarbeit zwischen Mozart und
Schikaneder zu übertragen. Und doch steht das unsichere
und schwankende Urteil über das Textbuch der *Zauberflöte*

in einem merkwürdigen Kontrast zu der einmütigen Bewunderung, die man der Musik Mozarts stets entgegengebracht hat.

Die einen rechnen es kurzerhand unter jene trivialen Dutzendlibretti, an denen in der Opernliteratur aller Zeiten kein Mangel ist und deren Aufgabe sich darin erschöpft, dem Komponisten Raum für schöne Arien und bunte Ensemble-Auftritte zu schaffen. Andere sehen einen Vorzug dieses Textbuches vor denen der zeitgenössischen Singspiele darin, daß Schikaneder bei seiner Gestaltung vielfach das humanitär-philanthropische Gedankengut der Freimaurerei verwendet hat, ohne freilich zu berücksichtigen, daß die Verwendung guter Gedanken noch lange kein gutes, das heißt bühnenwirksames Libretto macht.

Dabei dürfte gerade die Bühnenwirksamkeit des Schikanederschen Spiels zum dauerhaften Erfolg der *Zauberflöte* beigetragen haben. Es gibt Äußerungen von Mozart selbst, auf die sich diese Auffassung berufen kann.

Während der Komposition der knapp zehn Jahre vor der *Zauberflöte* entstandenen *Entführung aus dem Serail* äußerte Mozart sich mehrmals unwillig über die schlechte Arbeit des Librettisten. So schrieb er am 13. Oktober 1781 an den Vater den viel zitierten Satz: »bey einer opera muß schlechterdings die Poesie der Musick gehorsame Tochter seyn –«, woraus man später immer folgerte, ihm sei das Textbuch im Grunde völlig gleichgültig gewesen, während er tatsächlich in demselben Brief sogleich fortfährt: »um so mehr muß Ja eine opera gefallen wo der Plan des Stücks gut ausgearbeitet; die Wörter aber nur blos für die Musick geschrieben sind, und nicht hier und dort einem Elenden Reime zu gefallen«. Noch deutlicher hieß es in einem ebenfalls an den Vater gerichteten Brief vom 26. September desselben Jahres: »ich weis nicht, was sich unsere teutsche dichter denken; – wenn sie schon das theater nicht verstehen, was die opern anbelangt – so sollen sie doch wenigstens

die leute nicht reden lassen, als wenn schweine vor ihnen
stünden. – hui Sau; –.«

Wie Mozart demgegenüber das Textbuch der *Zauberflöte*
einschätzte, kann man aus seinem Brief an Constanze vom
14. Oktober 1791 erkennen, in dem er von einem gemeinsa-
men Besuch der *Zauberflöte* mit dem Hofkapellmeister
Antonio Salieri und der Sängerin Catarina Cavalieri berich-
tete: »Du kannst nicht glauben, wie artig beide waren, – wie
sehr ihnen nicht nur meine Musick, sondern das Buch und
alles zusammen gefiel.«

Man hat auch sonst zuweilen bemerkt, daß an der *Zauberflöte* nicht nur die Musik, sondern auch das Buch und alles
zusammen gefällt, und daß dieses Libretto einen gut ausge-
arbeiteten Plan besitzt und von jemandem gemacht ist, der
das Theater versteht. Es dürfte vor allem die Architektonik
des Aufbaues, nach denen die einzelnen Szenen der Oper
aufeinander bezogen sind, gewesen sein, die Goethes Urteil
über Schikaneders Dichtung bestimmt hat, wie es das Zeugnis Sorets über eine Unterhaltung mit Goethe am 13. April
1823 überliefert: »Nous avons parlé du poème sur lequel a
été composé la flûte enchantée; poème auquel Goethe a fait
une continuation qu'il n'a point encore publiée, n'ayant pas
trouvé de musicien capable à son avis de traiter ce sujet. Il
trouve la première partie remplie d'invraisemblances et de
niaiseries mais féconde en contraste et attribue à son auteur
une grande entente dans l'art d'amener des effets théâ-
treaux.«

3

Vor allem wohl eine nach Mozarts Tod über alle Maßen
angewachsene Verehrung des Komponisten – vom »Mozar-
tisieren« sprachen kritische Geister – leistete bald der Entstehung von Legenden Vorschub, die sich auf die Entstehung des Textbuches bezogen und geeignet waren, Schikaneder herabzusetzen und seinen Anteil an der *Zauberflöte* in

ein schlechtes Licht zu rücken. Aus Otto Jahns großer
Mozart-Biographie haben sie in die Literatur Eingang ge-
funden und werden auch heute noch verbreitet, etwa in
Wolfgang Hildesheimers Essay zu Mozart.

Das Theater auf der Wieden – so Jahn, den Phantasien
einer Novelle *Zauberflöte*, *Dorfbarbier*, *Fidelio* von Beet-
hovens Librettisten Georg Friedrich Treitschke folgend –
sei durch Schikaneders Leichtsinn in der Geschäftsführung
zu Anfang des Jahres 1791 an den Rand des Bankrotts gera-
ten. Da sei Schikaneder in äußerster Not am 7. März zu
Mozart geeilt und habe den zunächst Widerstrebenden ge-
drängt, ihm die Musik für ein neues Zugstück zu schreiben.

Und zwar habe Schikaneder die Absicht gehabt, das Märchen *Lulu oder die Zauberflöte* von August Jakob Liebes-
kind zu dramatisieren, das 1789 in der von Wieland heraus-
gegebenen Sammlung *Dschinnistan oder auserlesene Feen-
und Geistermärchen* erschienen war. Sein Inhalt: Der listige
Zauberer Dilsenghuin hat der guten Fee Perifirime den
»goldenen Feuerstahl« und ihre Tochter Sidi geraubt. Der
junge Prinz Lulu soll dem Zauberer auf Geheiß der Fee
Feuerstahl und Tochter wieder entreißen. Perifirime stattet
Lulu dazu mit einer Zauberflöte aus, die ihrem Spieler alle
Hörer geneigt macht, und mit einem Ring, dessen Träger
sich in jede gewünschte Gestalt verwandeln kann. Am Ende
gewinnt Lulu die Liebe der Sidi.

Nach den Figuren dieses Zaubermärchens also habe Schikaneder sein Stück gestalten wollen: Der Fee sollte die Königin der Nacht, der Sidi Pamina, dem Zauberer Sarastro
und dem Prinzen Lulu Tamino entsprechen. Und auch der
»goldene Feuerstahl« des Märchens sollte sich in der *Zauberflöte* als der »Sonnenkreis« Sarastros wiederfinden.

Als die Ausführung dieses Plans schon etwa zur Hälfte
gediehen war, da habe Schikaneder erfahren, daß Marinelli,
der Impresario des mit dem Freihaustheater konkurrieren-
den Theaters in der Leopoldstadt, für sein Haus die Aufführung eines gleichfalls nach dem Vorbild des *Lulu*-Märchens

konzipierten Dramas vorbereiten ließ. Es handelte sich um Joachim Perinets *Kaspar der Fagottist oder die Zauberzither*, ein Stück, das mit der Musik von Wenzel Müller am 8. Juni 1791 zum erstenmal gegeben wurde.

Aus Furcht, gegen dieses Stück nicht aufkommen zu können, habe Schikaneder mitten in der Arbeit seinen Plan geändert. Zwar habe er auf die Figuren des Märchens nicht mehr verzichten können, habe aber ihre Funktionen ins Gegenteil verkehrt: Aus dem bösen Zauberer habe er den weisen Priesterkönig, aus der ursprünglich als gute Fee gedachten Königin die mordgierige Herrscherin der Nacht werden lassen; schließlich habe er jetzt Tamino, der eigentlich Sarastros Überwinder sein sollte, zum Eingeweihten in dessen Gemeinschaft gemacht.

Man glaubte nun auch, die Erklärung für eine Reihe von Rissen und Brüchen am Plan des Librettos gefunden zu haben, an denen man schon lange Anstoß genommen hatte. Man dachte dabei vor allem an die Tatsache, daß es zu Beginn der *Zauberflöte* wirklich den Anschein hat, als vertrete die Königin der Nacht das gute, Sarastro aber das böse Prinzip, oder daran, daß die drei Genien zwar von den der Königin dienenden Damen angekündigt werden, aber sogleich bei ihrem ersten Auftreten ganz offensichtlich im Dienste Sarastros stehen, oder schließlich daran, daß sich der Verbrecher Monostatos am Hofe Sarastros befindet.

Es dauerte dann auch nicht mehr lange, bis man entdeckt zu haben glaubte, daß Schikaneder nicht einmal bei der nachträglichen Umgestaltung des ursprünglichen Konzepts selbständig vorgegangen war. Man fand nämlich heraus, daß die Handlung der *Zauberflöte* von der Mitte an dem Vorbild des Romans *Sethos* eines Abbé Jean Terrasson folgt. Dieser Roman, der sich als die Übersetzung eines griechischen Originals ausgibt, schildert in seinem dritten und vierten Buch die Einweihung eines ägyptischen Prinzen in die Mysterien der Gottheiten Isis und Osiris. Man sprach nun davon, Schikaneder habe das Textbuch der *Zauberflöte*

aus *Lulu*-Märchen und *Sethos*-Roman kunstlos zusammen-
gestückelt.

Inzwischen hat die theatergeschichtliche Forschung ge-
zeigt, daß diese Darstellung der historischen Wahrheit in
keinem Punkt entspricht. Es ist zum Beispiel nicht wahr,
daß Schikaneders Freihaustheater im Jahre 1791 vor dem
Bankrott stand. Das Gegenteil ist richtig, gerade in der
fraglichen Zeit ging Schikaneders Bühne glänzend. Am
10. März dirigierte dort Karl Ditters von Dittersdorf seine
Oper *Der Gutsherr,* und am 3. August erschien Leopold II.
zu einer Vorstellung. Und nicht Schikaneder, sondern
Mozart litt unter notorischen Geldschwierigkeiten.

Jeder Grundlage entbehrt auch die Behauptung, daß Perinets Stück Schikaneders Plan beeinflußt haben könnte. Wie
gleichgültig dieses Stück für die Entstehung der *Zauberflöte*
gewesen ist, geht aus einem Brief Mozarts an Constanze
hervor, der ihr am 12. Juni aus Wien nach Baden schrieb:
»ich gieng dann um mich aufzuheitern zum Kasperl in die
neue Oper der *Fagottist,* die so viel Lärm macht – aber gar
nichts daran ist.« Gewiß hätte Mozart sich anders geäußert,
wäre seine und Schikaneders Arbeit durch den *Fagottisten*
gestört worden. Aus der Lektüre von Perinets Stück selbst,
hätte man sich die Mühe nur gemacht, wäre deutlich geworden, daß es mit Schikaneders Textbuch kaum die geringste
Berührung aufweist.

Eine andere Legende weiß davon zu berichten, daß der
Text der *Zauberflöte* in Wahrheit gar nicht von Schikaneder,
sondern von Karl Ludwig Giese(c)ke (eigtl.: Metzler) her-
rühre, einem Mitglied der Schikanederschen Truppe, das
später als Professor der Mineralogie in Dublin gelebt hat,
und daß Schikaneder in den ihm von Gieseke überlassenen
Text einzig die Gestalten Papagenos und Papagenas nach-
träglich eingefügt habe. Indes ist unschwer einzusehen, daß
man diese Gestalten nicht aus der *Zauberflöte* herauslösen
kann, ohne den Aufbau des Buches völlig zu zerstören, und

daß es daher sehr unwahrscheinlich ist, daß der Urheber dieser beiden Gestalten mit dem Dichter des übrigen Textes nicht identisch sein sollte.*

4

Richtig ist demgegenüber nur folgendes. Schikaneder hat dem *Lulu*-Märchen, wie auch anderen Märchen der Sammlung *Dschinnistan*, einzelne Anregungen entnommen. Er hat – wie in der Theaterpraxis des 18. Jahrhunderts üblich – aus einer großen Zahl von Quellen geschöpft, die vielen Anregungen zu Stoff und Motiven jedoch einem von Anfang an einheitlichen, und zwar durch die Einweihungshandlung bestimmten Plan eingeschmolzen.

Eine der wichtigsten Quellen ist in der Tat der erwähnte *Sethos*-Roman, der 1731 im französischen Original erschien. 1777/78 brachte Matthias Claudius in Breslau eine deutsche Übersetzung heraus. Das dritte und vierte Buch des Romans bieten das Muster für die Einweihungshandlung der *Zauberflöte*. Der Gesang der zwei Geharnischten (»Der, welcher wandert diese Straße voll Beschwerden«) ist beinahe wörtlich aus dem Roman übernommen, ebenso die Arie Sarastros »O Isis und Osiris«.

Für einzelnes kommen als Quellen ferner in Betracht:

---

* Da die These von Giesekes Miturheberschaft sich so hartnäckig hält, sei darauf hingewiesen, daß Jahn sie einem einzigen, unzuverlässigen Zeugnis entnommen hat: einer von Julius Cornet 1849 veröffentlichten Äußerung Giesekes in einer Wirtshausrunde im Jahre 1818 oder 1819. Gieseke, der in der Uraufführung der *Zauberflöte* in einer Sprechrolle aufgetreten war, mag – den Gepflogenheiten in einer Theatertruppe entsprechend – den einen oder anderen Gedanken beigetragen haben. Vielleicht hat er als Freimaurer auch den Kontakt zum Drucker des Textbuches, Ignaz Alberti, hergestellt, der die Erstausgabe mit einem Frontispiz voll maurerischer Symbolik ausstattete. Seit neuerem wird vermutet, Gieseke könnte der Autor des Textes von Mozarts *Kleiner Freimaurer-Kantate* (KV 623) gewesen sein. Sein Anspruch auf die Urheberschaft des *Zauberflöten*-Textes, wenn er ihn denn überhaupt erhoben hat, mag auf eine ähnliche gesprächsweise Beteiligung an der Entstehung zurückgehen, wie sie für Harry Graf Kesslers ›Mitwirkung‹ am *Rosenkavalier* bezeugt ist.

Karl Friedrich Henslers *Sonnenfest der Brahminen,* Wie-
lands *Oberon* von 1785 sowie die als *Wiener Oberon* be-
kannte Dramatisierung dieses Werks durch Gieseke oder
Sophie Friederike Seyler, zu der Paolo Wranitzky die
Musik geschrieben hatte.

Der geistige Hintergrund der *Zauberflöte* ist wesentlich
bestimmt durch das Interesse an den hellenistischen Mysterien, das in den Kreisen der Freimaurer ganz besonders leb-
haft war. Sie nahmen freilich für ägyptisch, was ihnen in der
Überlieferung griechischer und lateinischer Autoren an
Nachrichten zu den in Wirklichkeit doch erst hellenistischen Mysterien zugänglich war.

Ignaz von Born, das Haupt der Wiener Freimaurer bis zu
seinem Austritt aus der Loge »Zur Wahrheit« im Jahre 1786
infolge des Josephinischen Freimaurerpatents vom Dezem-
ber 1785, begründete 1784 – noch als Meister der Promi-
nentenloge »Zur wahren Eintracht« - das *Journal für Frey-
maurer* und veröffentlichte in dessen erstem Band einen
Aufsatz über *Die Mysterien der Egyptier.* Born, der selbst
Diodor-Studien getrieben hatte, zitiert in diesem Aufsatz
zahlreiche Stellen aus dem ersten Buch der *Historischen Bibliothek* Diodors, dem sogenannten Ägypten-Buch, ferner
Plutarchs von Diodor abhängige Schrift *Über Isis und Osiris,* außerdem das elfte Buch des Romans *Verwandlungen
oder Der goldene Esel* von Apuleius, das sogenannte Isis-
Buch. Zugänglich waren Born diese Stellen vor allem durch
das 1750 erschienene *Pantheon Aegyptiorum* des Frankfurter Professors Paul Ernst Jablonski, in dem außer den von
Born zitierten Autoren noch die *Äthiopischen Geschichten*
Heliodors berücksichtigt sind. Wie groß das Interesse gerade an den Texten über die antiken Mysterien im 18. Jahrhundert war, geht auch daraus hervor, daß Terrasson den
Diodor übersetzt hatte, bevor er den *Sethos*-Roman schrieb.

In Heliodors Roman, der von den vielfachen Abenteuern
des Prinzen Theagenes und der äthiopischen Prinzessin
Chariklea handelt, wird eine Feuerprobe geschildert; die

beiden Hauptfiguren der Erzählung Heliodors werden am
Ende nach Prüfungen zu Priestern geweiht wie das Paar Tamino und Pamina; die Rolle des Sprechers in der *Zauberflöte* erinnert an die Aufgabe, die dem Mystagogen bei der
Einweihung neu aufzunehmender Mysten zufällt. Eine solche Einweihung wird auch von Apuleius geschildert; er läßt
die Göttin Isis mit einem sternbesetzten Mantel als »sternflammende Königin« auftreten; schließlich begegnet unter
den lustigen Figuren im Festzug dieses Isis-Festes sogar ein
Vogelfänger.

Allerdings dürfte Schikaneder die Anregungen für die
Gestalt Papagenos während seiner süddeutschen Wander-
jahre empfangen haben, wo die Vogelfängerfigur sehr be-
liebt und von Christian Daniel Schubart in die Literatur
eingeführt worden war. Dafür spricht auch, daß Papagenos
Auftrittslied »Der Vogelfänger bin ich ja« ein schwäbisches
Volkslied ist, das Schikaneder nach Wien mitgebracht hatte.
Im übrigen vereinigt Papageno in sich Züge des Hanswursts
der Wiener Volkskomödie und solche von Harlekin und
Pulcinella aus der commedia dell'arte.

5

Die erhaltenen Zeugnisse lassen nur geringe Rück-
schlüsse auf den Fortgang von Textdichtung und Komposition zu. Schikaneder schrieb 1795 davon, daß er die Oper
»mit dem seligen Mozart fleißig durchdachte«. Mozarts
Briefe aus dem Jahre 1791 sprechen gelegentlich von der Arbeit an der *Zauberflöte.* Er dürfte die Komposition im April
begonnen haben. Anfang Juli wartete er dringend auf die
Abschrift des Particells zum ersten Aufzug durch Franz Xaver Süßmayr, »damit ich instrumentieren kann«. Im Juli trug
Mozart die Komposition in sein handschriftliches Werkverzeichnis ein. Zu derselben Zeit arbeitete er an *La Clemenza
di Tito,* der für die Prager Krönung Leopolds II. bestimmten opera seria. Als er Mitte September mit Constanze und

Süßmayr aus Prag nach Wien zurückgekehrt war, beteiligte
er sich an den Proben zur *Zauberflöte,* die bis dahin Schikaneders Kapellmeister Johann Baptist Henneberg geleitet
hatte. Auch schrieb er noch die Ouvertüre und den Priester-
marsch, zumindest in ihrer endgültigen Form, die er im
Werkverzeichnis am 28. September nachgetragen hat.

Am 30. September fand die Uraufführung statt, in der
Mozarts Schwägerin Josepha Hofer die Königin der Nacht,
sein Freund Benedikt Schak den Tamino, Franz Xaver Gerl
den Sarastro und Anna Gottlieb die Pamina sangen. (An
Anna Gottlieb knüpft sich die so rührende wie falsche Legende, sie habe nach Mozarts Tod die Stimme verloren und
für immer die Bühne verlassen.) Den Papageno spielte Schikaneder selbst. Der Theaterzettel der Uraufführung hat sich
erhalten.

Aufgrund einer Korrespondentenmeldung aus Wien
schrieb das Berliner *Musikalische Wochenblatt* Anfang Oktober zwar: »Die neue Maschinenkomödie: *Die Zauberflöte*
mit Musik von unserm Kapellmeister *Mozard,* die mit gros-
sen Kosten und vieler Pracht in den Dekorationen gegeben
wird, findet den gehoften Beifall nicht, weil der Inhalt und
die Sprache des Stücks gar zu schlecht sind.« Dieser Mel-
dung widerspricht jedoch nicht nur ein Brief Mozarts vom
7. Oktober: »Eben komme ich von der Oper; – sie war eben
so voll wie allzeit. – das Duetto *Mann und Weib* etc: und
das Glöckchen Spiel im ersten Ackt wurde wie gewöhnlich
wiederhollet – auch im 2:ᵗ Ackt das knaben Terzett – was
mich aber am meisten freuet, ist, der *Stille beifall!* – man
sieht recht wie sehr und immer mehr diese Oper steigt ...
das sonderbareste dabei ist, das eben den abend als meine
neue Oper mit so vielen beifall zum erstenmale aufgeführt
wurde, am nemlichen abend in Prag der Tito zum letzten-
male auch mit aufgeführt worden.«

In Wien wurde *Die Zauberflöte* allein im Oktober noch
zwanzigmal gespielt. In zahlreichen Aufführungen in Prag,
Salzburg, Hamburg, Frankfurt, Berlin, Stuttgart und Wei-

mar brach sich das Werk rasch überall Bahn. Ein besonders
nachhaltiges Echo fand die Aufführung am Mannheimer Na-
tionaltheater 1794. Spät, erst 1801, gelangte *Die Zauberflöte*
in Paris auf die Bühne. Dort wurde sie in einer Bearbeitung
als *Les mystères d'Isis* im Théâtre de la République mit Ein-
lagen aus anderen Mozart-Opern zum Pasticcio entstellt.

Das Textbuch lag rechtzeitig zur Uraufführung im Druck
vor, noch im November folgten Arienbücher und Klavier-
auszüge mit den beliebtesten Musiknummern, während die
Partitur, dem Gebrauch der Zeit entsprechend, lange nur in
handschriftlichen Kopien verbreitet wurde, ehe 1814 der
erste Druck erschien. Mozarts Autograph der Partitur ver-
kaufte Constanze um 1800 an den Offenbacher Musikverle-
ger Anton André. Aus dem Besitz der Familie André gelangte die Partitur – nach skandalträchtigen Inter-
mezzo der Stiftung durch einen fallierenden Kaufmann –
1866 in die Königliche Bibliothek zu Berlin. Nach der Aus-
lagerung im Zweiten Weltkrieg in das Benediktinerkloster
Grüssau galt die Handschrift als verloren, bis sie 1977 aus
einem Depot in der Bibliothek der Jagellionischen Univer-
sität zu Kraków an die damalige Deutsche Staatsbibliothek
zurückgegeben wurde.

Verschiedene Abweichungen zwischen Partiturtext und
Textbuch erklären sich teils aus Strichen und Ergänzungen,
die Mozart für die Komposition vorgenommen hat, teils
wohl auch aus Fehlern beim Satz des Textbuches. Ergänzt
hat Mozart in der Introduktion den Satz »Stirb Ungeheur,
durch unsre Macht« und in der Musiknummer 21 den Vers
Taminos: »ich wage froh den kühnen Lauf«. Nicht komponiert hat Mozart im ersten Finale folgende vier Verse Paminas und Papagenos:

> Die Wahrheit ist nicht immer gut,
> Weil sie den Großen wehe tut;
> Doch wär sie allezeit verhaßt,
> So wär mein Leben mir zur Last.

Wohl um den dramaturgischen Ablauf zu straffen, hat Mozart im ersten Finale die Verse der drei Knaben, bevor sie Papagena präsentieren, ausgelassen:

> Komm her, du holdes, liebes Weibchen!
> Dem Manne sollst du dein Herzchen weihn!
> Er wird dich lieben, süßes Weibchen,
> Dein Vater, Freund, und Bruder sein!
> Sei dieses Mannes Eigentum!

Am Ende von Papagenos und Papagenas Duett im zweiten Finale sind die letzten Verse nicht komponiert:

> Wenn dann die Kleinen um sie spielen,
> Die Eltern gleiche Freude fühlen,
> Sich ihres Ebenbildes freun.
> O welches Glück kann größer sein?

Geringe Abweichungen zwischen Partitur und Textbuch bestehen auch in der Bezeichnung von Sprecher und Priester. Schließlich ist darauf hinzuweisen, daß die bei Aufführungen immer mitgesungene dritte Strophe von Papagenos Auftrittslied sich weder in der Partitur noch im Textbuch findet. Es dürfte sich um eine frühe, vielleicht gar noch von Schikaneder selbst herrührende, Schauspielerinterpolation handeln, wie sie dem ursprünglichen Stegreifcharakter des Wiener Volksstücks durchaus gemäß ist.

6

Ihre nachhaltige Wirkung verdankt *Die Zauberflöte* der zur Einheit verdichteten Vielfalt. Im Dramaturgischen hat Schikaneder dieser Einheit vorgearbeitet. Mozart hat sie im Musikalischen vollendet. Ein Beleg muß hier für zahllose Beispiele stehen: die Verbindung aller Szenen, in denen es um Verlust oder Tod geht, durch die Tonart g-Moll, die sich im Rezitativ der Königin, in Paminas Arie und kurz eben auch bei Papagenos Selbstmordversuch findet. »Daß Mozart

in der Lage war, die Sprache des ›einfachen Singspiellieds‹
[. . .] und die Sprache des Erhabenen gleichermaßen zu sprechen, ist [. . .] nicht weiter verwunderlich. Wesentlich ist ein
anderes, das fast immer vergessen wird: daß Papagenos Lie-
der eben nicht bloß gut gemachte Singspiellieder sind, sondern daß sie nicht weniger als die Arien Taminos und Paminas von jener geistigen Beweglichkeit, von der unvergleich-
lichen Plastizität der werkhaften Formulierung geprägt
werden, die Mozarts reifste Werke kennzeichnen. Die ver-
schiedenen musikalischen Ebenen der *Zauberflöte* sind solche des Idioms, nicht solche des Rangs« (Stefan Kunze).
Von Beethoven wird berichtet, er habe der *Zauberflöte*
nachgerühmt, daß sie alle musikalischen Formen vom Lied
bis zur Fuge verbinde.

Die Nachwirkung der *Zauberflöte* greift weit in die Gei-
stesgeschichte der letzten zwei Jahrhunderte aus. Schikaneder selbst versuchte 1798 vergeblich, mit dem Stück *Das
Labyrinth oder der Kampf mit den Elementen, der zweite
Theil der Zauberflöte,* das Peter von Winter vertonte, den
Erfolg von 1791 zu wiederholen. Goethe arbeitete lange an
einer Fragment gebliebenen Fortsetzung, aus der er größere
Textpartien in die *Faust*-Dichtung aufnahm. Politische Deu-
tungen bedienten sich des Werks als einer Allegorie und
wollten z. B. in der Königin der Nacht die im Alter zu des-
potischem Starrsinn neigende Maria Theresia sehen, in Pa-
mina aber die »Freiheit«, welche immer eine Tochter des
Despotismus« ist. E.T.A. Hoffmann bezog sich verschie-
dentlich, etwa in den *Seltsamen Leiden eines Theaterdirek-
tors* oder im *Goldnen Topf,* auf *Die Zauberflöte.* Ludwig
Tieck verwandte in seiner Theatersatire *Der gestiefelte
Kater* mehrere Passagen aus der *Zauberflöte.* Hofmannsthals Operndichtung *Die Frau ohne Schatten* knüpft an
Die Zauberflöte an. 1920 veröffentlichte der Amerikaner
G. Lowes Dickinson eine als »Fantasia« bezeichnete Prosa-
erzählung *The Magic Flute,* Wyston Hugh Auden und
Chester Kallmann brachten 1966 eine englische Überset-

Literaturhinweise

Wolfgang Amadeus Mozart: Die Zauberflöte. Eine deutsche Oper in zwei Aufzügen. Text von Emanuel Schikaneder. KV 620. Hrsg. von Gernot Gruber und Alfred Orel. Klavierauszug von Heinz Moehn. Kassel/Basel/Paris/London: Bärenreiter, 1970.
- Die Zauberflöte. Eine deutsche Oper in zwei Aufzügen. Text von Emanuel Schikaneder. KV 620. Faksimile der autographen Partitur. Hrsg. von Karl-Heinz Köhler. Kassel/Basel/Paris/London: Bärenreiter, 1979. [Nebst] Beiheft. (Documenta musicologica. Reihe 2: Handschriften-Faksimiles. 7.)
- Die Zauberflöte. Vorgel. von Gernot Gruber und Alfred Orel. 2., durchges. Aufl. Kassel/Basel/Paris/London: Bärenreiter, 1985. (W. A. M.: Neue Ausgabe sämtlicher Werke. Serie II: Bühnenwerke. Werkgruppe 5: Opern und Singspiele. Bd. 19.)
- Briefe. Ausgew. und hrsg. von Stefan Kunze. Stuttgart: Reclam, 1987. (Universal-Bibliothek. 8430.)
Emanuel Schikaneder: Die Zauberflöte. Eine große Oper in zwey Aufzügen. Wien: Alberti, 1791. – Faksimile-Neudruck der Erstausgabe des Textbuches. Nachw. von Michael Maria Rabenlechner. Wien: Wiener Bibliophilen-Gesellschaft, 1942. – Reprogr. Nachdr. Bremen: Faksimile-Verlag, 1983.
Die Maschinenkomödie. Hrsg. von Otto Rommel. Darmstadt: Wissenschaftliche Buchgesellschaft, 1974. – Reprogr. Nachdr. der Ausgabe Leipzig 1935. (Deutsche Literatur in Entwicklungsreihen. Reihe Barock. 1.) [Enthält u. a. Schikaneders Textbuch und Perinets *Kaspar der Fagottist.*]
Johann Wolfgang Goethe: Singspiele. Hrsg. von Hans-Albrecht Koch. Stuttgart: Reclam, 1974. (Universal-Bibliothek. 9725.)

Angermüller, Rudolph: Mozart. Die Opern von der Uraufführung bis heute. Frankfurt a. M. / Berlin / Wien 1988.
Aust, Hugo: Volkstheater-Praxis und Textpoetik im 18. Jahrhundert. In: H. A. / Peter Haida / Jürgen Hain: Volksstück. München 1989. S. 50–113.
Batley, Eric M.: A Preface to the Magic Flute. London 1969.
Borchmeyer, Dieter: Goethe, Mozart und die *Zauberflöte.* Göttingen 1994.
- (Hrsg.): Mozarts Opernfiguren. Bern/Stuttgart/Wien 1992.
Braunbehrens, Volkmar: Mozart in Wien. München/Zürich 1986.

90 *Literaturhinweise*

Decker, Herbert: Dramaturgie und Szene der *Zauberflöte*. Phil. Diss. München 1947.

Deutsch, Otto Erich: Der rätselhafte Giesecke. In: Die Musikforschung 5 (1952) S. 152–160.

Friedrich, Götz: Die humanistische Idee der *Zauberflöte*. Dresden 1954.

Gruber, Gernot: Mozart und die Nachwelt. Erw. Neuausg. München 1987.

Hammerstein, Reinhold: Der Gesang der Geharnischten Männer. Eine Studie zu Mozarts Bachbild. In: Archiv für Musikwissenschaft 13 (1956) S. 1–24.

Honolka, Kurt: Papageno. Emanuel Schikaneder. Salzburg/Wien 1984.

Koch, Hans-Albrecht: Das deutsche Singspiel. Stuttgart 1974.

– Goethes Fortsetzung der Schikanederschen *Zauberflöte*. Ein Beitrag zur Deutung des Fragments und zur Rekonstruktion des Schlusses. In: Jahrbuch des Freien Deutschen Hochstifts 1969. S. 121–163.

– Das Textbuch der *Zauberflöte*. Zu Entstehung, Form und Gehalt der Dichtung Emanuel Schikaneders. In: Jahrbuch des Freien Deutschen Hochstifts 1969. S. 76–120.

Komorzynski, Egon: Der Vater der *Zauberflöte*. Emanuel Schikaneders Leben. Wien 1948. Erw. Ausg. Wien/Wiesbaden 1951.

Kunze, Stefan: Mozarts Opern. Stuttgart 1984.

Morenz, Siegfried: Die Zauberflöte. Eine Studie zum Lebenszusammenhang Ägypten – Antike – Abendland. Münster/Köln 1952.

Nagel, Ivan: Autonomie und Gnade. Über Mozarts Opern. 2. Aufl. München 1985.

Nettl, Paul: Wolfgang Amadeus Mozart. Frankfurt a. M. 1955.

Rommel, Otto: Die Alt-Wiener Volkskomödie. Wien 1952.

Rosenberg, Alfred: Die Zauberflöte. Geschichte und Deutung von Mozarts Oper. 2., durchges. und erg. Aufl. München 1972.

Schuh, Willi: Umgang mit Musik. Zürich/Freiburg 1970.

Stefan, Paul: Die Zauberflöte. Herkunft, Bedeutung, Geheimnis. Wien/Leipzig/Zürich 1937.

Zeman, Herbert: »Aber ich hörte viel von Pamina, viel von Tamino.« Wer kennt den Text der *Zauberflöte*? In: Das deutsche Singspiel im 18. Jahrhundert. Colloquium der Arbeitsstelle 18. Jahrhundert der Gesamthochschule Wuppertal. Heidelberg 1981. S. 139–169.

Opern-, Operetten-, Musical- und Oratorientexte

Johann Sebastian Bach, Johannes-Passion. Matthäus-Passion. Weihnachts-Oratorium. Messe in h-Moll. 93 S. UB 18063

Ludwig van Beethoven, Fidelio. 48 S. UB 2555

Vincenzo Bellini, Norma. Ital./dt. 85 S. UB 4019

Georges Bizet, Carmen. 91 S. UB 8258 – Carmen. Franz./dt. 245 S. UB 9648

Gaëtano Donizetti, Don Pasquale. 48 S. UB 3848 – Der Liebestrank. 60 S. UB 4144 – Lucia von Lammermoor. 48 S. UB 3795

Christoph Willibald Gluck, Orpheus und Eurydike. 47 S. UB 4566

Charles Gounod, Margarete (Faust). 64 S. UB 8329

Joseph Haydn, Die Schöpfung. Die Jahreszeiten. 55 S. UB 6415

Engelbert Humperdinck, Hänsel und Gretel. 52 S. UB 7749

Kiss Me Kate. 181 S. UB 9263

Ruggero Leoncavallo, Der Bajazzo. Ital./dt. 71 S. UB 8311

Albert Lortzing, Zar und Zimmermann. 80 S. UB 2549

Wolfgang Amadeus Mozart, Così fan tutte. 86 S. UB 5599 – Così fan tutte. Ital./dt. 162 S. UB 8685 – Don Giovanni. 93 S. UB 2646 – Don Giovanni. Ital./dt. 187 S. UB 7481 – Die Entführung aus dem Serail. 64 S. UB 2667 – Die Hochzeit des Figaro. 101 S. UB 2655 – Die Hochzeit des Figaro. Ital./dt. 200 S. UB 7453 – Idomeneo. Ital./dt. 112 S. UB 9921 – Titus. Ital./dt. 104 S. UB 9926 – Die Zauberflöte. 90 S. UB 2620

Otto Nicolai, Die lustigen Weiber von Windsor. 70 S. UB 4982

Philipp Reclam jun. Stuttgart

Handbücher zur Musik

Reclams *Ballettführer.* (K. Schneider, K. Kieser) 616 Seiten. 32 Farbabbildungen

Reclams *Chormusik- und Oratorienführer.* (W. Oehlmann, A. Wagner) 632 Seiten. 357 Notenbeispiele

Reclams *Jazzlexikon.* Personenlexikon hrsg. von Wolf Kampmann, Sachlexikon von Ekkehard Jost. Ca. 650 S. 100 Abbildungen

Reclams *Kammermusikführer.* (A. Werner-Jensen, L. Finscher, W. Ludewig, K. H. Stahmer) 1168 Seiten. 560 Notenbeispiele

Reclams *Klaviermusikführer.* (W. Oehlmann, C. Bernsdorff-Engelbrecht, K. Billing, W. Kaempfer, M. Töpel) Bd. 1: Frühzeit, Barock und Klassik. 815 Seiten. Rd. 700 Notenbeispiele. – Bd. 2: Von Franz Schubert bis zur Gegenwart. 1144 Seiten. 619 Notenbeispiele

Reclams *Konzertführer.* Orchestermusik. (K. Schweizer, A. Werner-Jensen) 1142 Seiten. 366 Notenbeispiele

Reclams *Liedführer.* (W. Oehlmann) 1024 Seiten. 470 Notenbeispiele

Reclams *Musicalführer.* (C. B. Axton, O. Zehnder) 679 Seiten. 31 Abbildungen. 2 Pläne

Reclams *Musikinstrumentenführer.* Die Instrumente und ihre Akustik. (E. Briner) 699 Seiten. Mit Zeichnungen

Reclams *Opern- und Operettenführer.* (R. Fath, A. Würz) 1210 Seiten. 64 Farbabbildungen

Reclams *Orgelmusikführer.* (V. Lukas) 464 Seiten. 635 Notenbeispiele

Philipp Reclam jun. Stuttgart

Musikfachbücher und Dokumente

Das ABC der Musik. Von Imogen Holst. 222 S. Mit 164 Notenbeispielen und 30 Abbildungen. UB 8806

Kurt Johnen: *Allgemeine Musiklehre*. 143 S. Mit zahlreichen Notenbeispielen. UB 7352

Kleines Wörterbuch der Musik. Von Malte Korff. 252 S. Mit 107 Abbildungen und 72 Notenbeispielen. UB 9770

Kleines Wörterbuch des Tanzes. Von Horst Koegler. 131 S. Mit 24 Zeichnungen. UB 9769

Musikerhandschriften. Herausgegeben von Günter Brosche. 180 S. Mit 80 Abbildungen. (Geb.)

Wolfgang Amadeus Mozart: *Briefe*. Ausgewählt und herausgegeben von Stefan Kunze. 448 S. Mit 22 Abbildungen. (Geb.)

Das Reclam Buch der Musik. Von Arnold Werner-Jensen unter Mitarbeit von Franz Josef Ratte und Manfred Ernst. 514 S. Mit 289 Abbildungen und 57 Notenbeispielen. (Geb.)

Elisabeth Schmierer: *Kleine Geschichte der Oper*. 292 S. Mit 19 Abbildungen. UB 18154

Richard Wagner: *Briefe*. Ausgewählt und herausgegeben von Hans-Joachim Bauer. 607 S. Mit 21 Abbildungen. UB 5658 – *Oper und Drama*. Herausgegeben und kommentiert von Klaus Kropfinger. UB 8207

Philipp Reclam jun. Stuttgart

Stefan Kunze

Mozarts Opern

687 Seiten. Mit 38 Abbildungen und
175 Notenbeispielen. Format 15,0 × 21,5 cm

»In diesem Buch, das sich an den Kenner und an den Liebhaber
der Mozartschen Musik wendet, wird der Versuch unternom-
men, die Opern als Theater durch Musik zu begreifen.«
Stefan Kunze

»Mozarts Opern gehören – neben Wagners Musikdramen – zu
den wenigen Gegenständen, bei denen ein Buch hohen
Anspruchs die Chance hat, von einem Publikum gelesen zu
werden, das nicht nur die Werke kennt, sondern auch bereit ist,
anhaltend über sie nachzudenken. Und das Lesepublikum unter
den Operngängern wird rasch entdecken, daß Kunzes Buch ein
Glücksfall ist.«
Carl Dahlhaus
in der »Frankfurter Allgemeinen Zeitung«

»Die Systematik der Behandlung sämtlicher Bühnenwerke hat
Kunze nicht dazu verleitet, über die relative Emanzipiertheit
der Einzelwerke von den Gattungen und über die absoluten
Qualitätsfragen Zweifel zu lassen. Indem er Entstehungs- und
Aufführungsumstände, dramatische Charaktere und stoff-
geschichtliche Zusammenhänge nicht ausschließt, aber auf ihren
Platz hinter der Bedeutung von Mozarts Partituren verweist,
besitzt er die soliden Grundlagen für den Verdiensten der Kom-
positionen angemessene Würdigungen.«
Andreas Briner
in der »Neuen Zürcher Zeitung«

Philipp Reclam jun. Stuttgart